Dans les mêmes Editions

- NAS E. BOUTAMMINA, « Musulmophobie - Origines ontologique et psychologique », Edit. BoD, Paris [France], décembre 2009.
- NAS E. BOUTAMMINA, « Les Jinn bâtisseurs de pyramides…? », Edit. BoD, Paris [France], janvier 2010.
- NAS E. BOUTAMMINA, « Le Jinn, créature de l'Invisible », Edit. BoD, Paris [France], janvier 2011.
- NAS E. BOUTAMMINA, « Français musulman - Perspectives d'avenir ? », Edit. BoD, Paris [France], mai 2011.
- NAS E. BOUTAMMINA, « Judéo-Christianisme - Le mythe des mythes ? », Edit. BoD, Paris [France], juin 2011.
- NAS E. BOUTAMMINA, « Les contes des mille et un mythes - Volume I », Edit. BoD, Paris [France], juillet 2011.
- NAS E. BOUTAMMINA, « Y-a-t-il eu un temple de Salomon à Jérusalem ? », Edit. BoD, Paris [France], aout 2011.
- NAS E. BOUTAMMINA, « Les contes des mille et un mythes - Volume II », Edit. BoD, Paris [France], novembre 2011.
- NAS E. BOUTAMMINA, « Les ennemis de l'Islam - Le règne des Antésulmans - Avènement de l'Ignorance, de l'Obscurantisme et de l'Immobilisme », Edit. BoD, Paris [France], février 2012.
- NAS E. BOUTAMMINA, « Le secret des cellules immunitaires - Théorie bouleversant l'Immunologie [The secrecy of immune cells - Theory upsetting Immunology] », Edit. BoD, Paris [France], mars 2012.
- NAS E. BOUTAMMINA, « Le Livre bleu - I - Du discours social », Edit. BoD, Paris [France], juillet 2014.
- NAS E. BOUTAMMINA, « Le Rétablisme », Edit. BoD, Paris [France], mars 2015. 2ᵉ édition.
- NAS E. BOUTAMMINA, « Comprendre la Renaissance - Falsification et fabrication de l'Histoire de l'Occident », Edit. BoD, Paris [France], avril 2015. 2ᵉ édition.
- NAS E. BOUTAMMINA, « Connaissez-vous l'Islam ? », Edit. BoD, Paris [France], avril 2015. 2ᵉ édition.

- NAS E. BOUTAMMINA, « Le Malāk, entité de l'Invisible », Edit. BoD, Paris [France], mai 2015.
- NAS E. BOUTAMMINA, « Jésus fils de Marie ou Hiyça ibn Māryām ? », Edit. BoD, Paris [France], juin 2015. 2ᵉ édition.
- NAS E. BOUTAMMINA, « Index Historum Prohibitorum », Edit. BoD, Paris [France], juin 2015.
- NAS E. BOUTAMMINA, « Moïse ou Moūwça ? », Edit. BoD, Paris [France], juin 2015. 2ᵉ édition.
- NAS E. BOUTAMMINA, « Mahomet ou Moūhammad ? », Edit. BoD, Paris [France], juin 2015. 2ᵉ édition.

Collection Anthropologie de l'Islam

- NAS E. BOUTAMMINA, « Apparition de l'Homme - Modélisation islamique - Volume I », Edit. BoD, Paris [France], septembre 2010.
- NAS E. BOUTAMMINA, « L'Homme, qui est-il et d'où vient-il ? - Volume II », Edit. BoD, Paris [France], octobre 2010.
- NAS E. BOUTAMMINA, « Classification islamique de la Préhistoire - Volume III », Edit. BoD, Paris [France], novembre 2010.
- NAS E. BOUTAMMINA, « Expansion de l'Homme sur la Terre depuis son origine par mouvement ondulatoire - Volume IV », Edit. BoD, Paris [France], décembre 2010.

Collection Œuvres universelles de l'Islam

- NAS E. BOUTAMMINA, « Les Fondateurs de la Médecine », Edit. BoD, Paris [France], septembre 2011.
- NAS E. BOUTAMMINA, « Les Fondateurs de la Chimie », Edit. BoD, Paris [France], octobre 2013.
- NAS E. BOUTAMMINA, « Les Fondateurs de la Pharmacologie », Edit. BoD, Paris [France], novembre 2014.

Nas E. Boutammina

Abraham ou Ibrāhiym ?

« Est-ce que celui qui se fonde sur une preuve évidente [le Coran] venant de son Seigneur et récitée par un témoin [Malāk Jībrīyl] de Sa part [peut-il être l'égal du mécréant qui ne se fonde sur aucune preuve] ? Et certes, avant lui [ce Coran] il y a eu le Livre de Moūwça tenant lieu de guide et de miséricorde... Ceux-là [qui se fondent sur des preuves évidentes] y croient [à ce Coran] ; mais quiconque d'entre les factions [les Hādoūw, les Nāçāra et tous les non musulmans] n'y croit pas, aura le feu comme rendez-vous. Ne sois donc pas [Ô Moūhammad] en doute au sujet de ceci [le Coran]. Oui, c'est la vérité venant de ton Seigneur ; mais la plupart des gens n'y croient pas » (Coran, 11-17)

Avant-propos

Le *Coran* demeure l'unique source authentique qui garantie la réalité des faits protohistoriques et historiques de l'Humanité. Par «*historique*», on entend l'ensemble des évènements passés étudiés par la Science, telle que l'a conçue le père fondateur des Sciences Humaines A.R. Ibn-Khaldun[1].

On ne peut se fier aux traditions écrites ou orales véhiculées tout au long des siècles car les faits concrets sont inexistants, et les critères très contestables [*antihistoriques*] fourmillent pour démêler l'historique du légendaire, la chronique de la mythologie.

Ainsi, les *Anbīyā* [*Nbīyā* - «*Prophètes*»] et les *Roûçoûl* [«*Messagers*»] sont dépeints dans le Coran d'une manière telle que les incertitudes quant à leur réalité, la chronologie des événements de leur mission et l'environnement où se déroulent leurs actions sont évoqués de façon concise et avérée.

---

[1] A.R. IBN-KHALDUN [1332-1406], «*Al-Muqaddima* [« Les Prolégomènes ou Introduction »] »

Introduction

Le Coran narre l'histoire d'Ibrāhiym, le monothéiste, et celle de ses pérégrinations dans une société aux antipodes de sa conception du divin.

Ibrāhiym est une figure centrale dans l'unique croyance monothéiste, l'*Islam*. Le Coran nous relate avec vigueur la vie exemplaire d'Ibrāhiym. On le voit briser les idoles de son père, résister à la tyrannie de la population, être sauvé miraculeusement de la fournaise ardente où il fut jeté. On le voit toujours luttant et prêchant pour sa foi. Cette foi, c'est l'amour exclusif et passionné pour un Dieu unique : Allah, le Créateur des Univers.

Allah fait d'Ibrāhiym un exemple pour tous les peuples de la Terre. Cet immense amour pour Allah rend Ibrāhiym d'autant plus conscient de son « *insignifiance* » face à l'Absolu. Mais il insiste auprès d'Allah pour obtenir le pardon d'autrui, car lui-même veut avant tout la justice. Enfin, Ibrāhiym est l'image même de l'hospitalité, de l'altruisme et le plus bel exemple de la loyauté envers la Loi d'Allah et du respect absolu de Ses règles.

Introduction

I - Ibrāhiym un Raçoūl parmi d'autres

« *Certes, Nous t'avons fait [Ô Moūhammad] une révélation comme Nous en fîmes à Noūh et aux Nbīyā après lui. Et Nous avons fait révélation à Ibrāhiym, à Ismāhiyl, à Içhāq, à Yāhqoūwb, à al-Sbāt [aux Tribus], à Hiyça, à Ayoūwb, à Yoūwnoūs, à Haroūwn et à Soūlāymān, et Nous avons donné le Zāboūwr à Dāawoūd* » *(Coran, 4-163)*

Ibrāhiym constitue un maillon d'une chaine ininterrompue de Roūçoūl et Anbīyā. Il en est un prolongement, et l'un des transmetteurs de la Révélation divine qui demeure toujours immuable. Ainsi, ale Coran nous présente une grande diversité d'hommes, à l'instar d'Ibrāhiym, qui se réfèrent toujours à la Révélation bien définie : le *pur monothéisme* !

« *Et mentionne Ibrāhiym dans le Livre [le Coran]. C'était un très véridique et un Nābīy* » *(Coran, 19-41)*

Ibrāhiym s'inscrit dans une dimension essentielle : l'approfondissement d'une conscience dont la résultante dans son comportement [actes, paroles] n'a aucune chance de rester fragmentaire ou surtout sélective. En effet, la vérité reste pour Ibrāhiym la mesure de la foi en Allah, pour ne parler que de cette seule notion. Celle-ci s'impose avec davantage d'intransigeance qu'elle reste le principe ultime de la réussite de l'acte volontaire et désintéressé dévoué au divin.

A - Ibrāhiym à la quête de Dieu

« *Quand la nuit l'enveloppa, il observa une étoile et dit* : « *Voilà mon Seigneur !* » *Puis, lorsqu'elle disparut, il dit* : « *Je n'aime pas les choses qui disparaissent* » *(Coran, 6-76)*

« *Lorsque ensuite il observa la lune se levant, il dit* : « *Voilà mon Seigneur !* » *Puis, lorsqu'elle disparut, il dit* : « *Si mon Seigneur ne me guide pas, je serais certes du nombre des gens égarés* » » *(Coran, 6-77)*

« *Lorsque ensuite il observa le soleil se levant, il dit* : « *Voilà mon Seigneur ! Celui-ci est plus grand* ». *Puis, lorsque le soleil disparut, il dit* : « *Ô mon peuple, je désavoue tout ce que vous associez à Allah* » *(Coran, 6-78)*

Observation

- La religion cyclique

Les *Assyro-Babyloniens* rencontrent leurs dieux à la limite de leurs possibilités d'action sur les éléments naturels : divinités astrales : *Anu* et *Antu* [divinités du ciel], Shamash et *Sîn* [dieu solaire et lunaire], *Ishtar* [déesse vénusienne] ; dieux de l'atmosphère : *Enlil* et *Adad* ; dieux de la terre et des eaux : *Enki-Ea*, *Tammuz*. Ils leurs octroient la toute-puissance sur ces éléments et comme telles, ces divinités sont tour à tour bienveillantes et malveillantes. Ils les rencontrent aussi en opposition à l'inéluctabilité de la mort, ils en ont fait des immortels.

Les images de ces dieux assyro-babyloniens sont-elles représentées souvent sous l'apparence humaine [ils sont humains mariés et organisés en familles]. Ils sont alors diversifiés par les symboles des choses qu'ils dominent : le Soleil, la Lune, l'étoile Sirius [étoile du Berger, Vénus], la foudre.

Ils vénèrent également le règne animal : Ishtar avec le scorpion, Tammuz avec le serpent, Enlil avec le renard, Marduk avec le chien, etc. Leur qualité divine est marquée par une ou plusieurs paires de cornes de taureau, en relief sur leur tiare, en nombre plus ou moins important selon leur rang dans le panthéon. Ils vouent aussi un culte au règne végétal [le tamaris est Anu, le cyprès Adad, le palmier Tammuz, etc.], ainsi qu'au règne minéral [l'argent, l'or, le cuivre, etc.].

Lorsqu'Assur et Babylone devinrent capitales, leurs dieux propres, Assur pour l'Assyrie et Marduk pour la Babylonie, accédèrent au sommet du panthéon. Par opposition aux dieux du *Désordre* dont sont issus le ciel, l'atmosphère et les eaux, ils sont considérés comme les dieux de l'*Ordre*, dompteurs des éléments dont ils fixent et régissent les destins, avec l'assentiment des dieux qui les dominent.

La religion babylonienne a fait d'Ishtar et de Bel-Marduk des divinités qui meurent et ressuscitent avant de triompher.

La *réalité mystérieuse* qu'Ibrāhiym cherche à tâtons depuis son plus jeune âge n'est autre que Dieu. L'origine de cette quête renvoie à l'Homme lui-même et à l'énigme de sa genèse.

La dialectique de l'idée de Dieu telle qu'elle se déploie dans la plupart des religions à l'époque d'Ibrāhiym est profondément différente de la dialectique de l'idée que celui-ci se fait de la déité. Quoi qu'il en soit, Ibrāhiym, pour apaiser son besoin religieux, réclame un Dieu qui soit un « *Autre* » avec lequel il puisse entrer en communication et en échange [rituel].

La raison profonde d'Ibrāhiym et son intelligence, au contraire, répugnent à concevoir Dieu comme un astre [étoile, lune, soleil], parce que Dieu doit être absolu, donc sans besoin et sans contraire. D'où l'étonnement et le scepticisme d'Ibrāhiym lorsque les corps célestes apparaissent et disparaissent [étoile, lune et soleil].

Or, ces aspects de l'idée de divinité tendent à se réduire alors qu'au contraire, Dieu est Tout-Puissant et Créateur de toute chose y compris ces astres et le soleil aussi grand soit-il.

Le Dieu qu'Ibrāhiym recherche est l'Être Absolu, Transcendant et Immanent que rien ne peut lui être comparé. Voilà la pensée profonde d'Ibrāhiym !

« Je tourne mon visage exclusivement vers Celui qui a créé [à partir du néant] les cieux et la terre; et je ne suis point de ceux qui Lui donnent des associés » » (Coran, 6-79)

Finalement, le Dieu Créateur des cieux et de la terre est un Dieu agissant qui intervient sur toute chose. Riche de ces données sur les causes et les conditions de l'idée de Dieu, le surgissement de cette notion semble lié à l'expérience humaine la plus originaire. Ce verset retrace le développement de l'idée de Dieu qui s'élabore dans l'esprit d'Ibrāhiym depuis ses origines, en particulier en ce qui concerne les rapports et le passage du *polythéisme*[2] au *monothéisme*. Ibrāhiym rejette donc les croyances qui caractérisent un schème irrationnel [animisme, totémisme, polythéisme, etc.], celui qui est en vigueur chez ces concitoyens et dans le reste du monde.

Ibrāhiym montre dans une perspective déiste et monothéiste, comment à l'origine, l'homme naturellement croit au monothéisme en un *Être suprême* [*Dieu créateur*] et que par la suite, il devient païen ou idolâtre sous la pression de certains facteurs d'ordre culturel, social et économique.

B - Ibrāhiym combat l'idolâtrie

1 - Les idoles, un égarement

« [*Rappelle quand*] *Ibrāhiym dit à Āzār, son père :* « *Prends-tu des idoles comme divinités ? Je te vois, toi et ton peuple, dans un égarement évident !* » (*Coran, 6-74*)

---

[2] *Polythéisme*. Doctrine religieuse admettant plusieurs dieux.
[3] *Idolâtrie*. Adoration des idoles.

Les relations qu'entretient Ibrāhiym avec son père *Āzār* sont des plus tendues en ce qui concerne la vie religieuse et la conception de la divinité.

Ibrāhiym se voit, désormais, dans l'obligation de manifester à l'égard des croyances de son père et de son peuple, sa vive désapprobation et à condamner fermement toute figure ou représentation de divinité qui fait l'objet d'un culte d'adoration. Face à l'*idolâtrie*[3], l'hostilité entre les deux hommes est engagée. C'est le début d'un conflit chronique qui oppose, d'une part Ibrāhiym à son père, et d'autre part à toute la population, car Ibrāhiym est particulièrement convaincu de leur incontestable égarement.

Ibrāhiym, à lui seul prend la tête d'un soulèvement contre l'idolâtrie et ceux qui l'institutionnalisent et la pérennisent. Ibrāhiym est prompt à évoquer le fait que tout le monde s'écarte de la moralité saine axée sur une ligne de conduite réfléchie, celle de la raison qui ne peut tolérer l'adoration des idoles.

« Et [Ibrāhiym] dit [aux idolâtres] : « En effet, c'est pour cimenter des liens entre vous-mêmes dans la vie présente, que vous avez adopté des idoles, en dehors d'Allah. Ensuite, al-Yāwm al-Qiyāma [« le Jour du Jugement/Résurrection »], les uns rejetteront les autres, et les uns maudiront les autres, tandis que vous aurez le Nār [Feu] pour refuge, et vous n'aurez pas de protecteurs » (Coran, 29-25)

---

[3] *Idolâtrie*. Adoration des idoles.

Les adorateurs des idoles entendent gérer leur existence au moyen de leur religion, l'*idolâtrie*, et perdurer leur *tradition*. La société où vie Ibrāhiym est stratifiée, suivant la fortune et la fonction, depuis la famille du prince jusqu'aux simples paysans en passant par les hauts fonctionnaires, les prêtres, les propriétaires fonciers, artisans et commerçants. Le ciment qui unit ces catégories sociales est l'idolâtrie qui trouve des applications dans les domaines aussi bien sociaux, que culturels, et surtout économiques.

Ibrāhiym déclare que l'idolâtrie est la principale cause de perdition de ceux qui lui vouent un culte alors que le regret et les lamentations occuperont une place primordiale *al-Yāwm al-Qiyāma* [« *le Jour du Jugement/Résurrection* »] en raison de la multiplicité des tourments que procurera *Nār* [« *Feu* » - Enfer].

L'activité idolâtre est telle que la société entière vit au rythme des rites consacrés au droit des idoles et aux obligations de leurs adorateurs. La politique dirigiste des idoles, grâce à ses liens, *sert à agglomérer toute la société*, comme en témoigne cette expression : « ... *c'est pour cimenter des liens entre vous-mêmes dans la vie présente, que vous avez adopté des idoles,...* » *(Coran, 29-25)*

2 - Ibrāhiym raisonne son père

« *Lorsqu'il dit à son père* [*Āzār*] *: « Ô mon père, pourquoi adores-tu ce qui n'entend ni ne voit et ne te profite en rien ?* » *(Coran, 19-42)*

« *Ô mon père, il m'est venu de la science ce que tu n'as pas reçu ; suis-moi, donc, je te guiderai sur une voie droite* » *(Coran, 19-43)*

Ibrāhiym a la faculté de juger avec pertinence des situations concrètes, une estimation de ce qu'est la vérité et de ce que le réel rend possible. C'est ce bon sens qu'il essaie d'inculquer à son père [*Āzār*] lorsqu'il critique le sujet de son adoration : les *idoles*.

Ibrāhiym lui explique la notion de sens, selon des critères psychologiques et sociologiques implicites. C'est ainsi qu'il distingue l'égarement de leurs ancêtres en lui faisant signifier l'ensemble des vérités premières et indubitables face aux dérives de l'illogisme et de l'irrationnel. C'est ce qui ressort de son interrogation ô combien pertinente : « …« *Ô mon père, pourquoi adores-tu ce qui n'entend ni ne voit et ne te profite en rien ?* ».

« *Ô mon père, n'adore pas Shaytān* [« *semeur de désordre sur Terre* », *Iblīs*], *car Shaytān désobéit au Tout Miséricordieux* » *(Coran, 19-44)*

Les critiques adressées à l'inutilité des idoles sont des arguments frappants. Ceux-ci se réfèrent au simple bon sens qui voit dans le fait que ce type de croyance [idolâtrie] qui est répandue dans toute l'humanité à toutes les époques un indice et une garantie de la contre-vérité entretenue et répandue par *Shaytān* [« *semeur de désordre sur Terre* », *Iblīs*]. L'intérêt de ce point de vue est d'abord moral et religieux.

Le bon sens *ibrāhiymien* peut se définir délibérément *contre* le sens commun : la voie de la réalité, de la vérité, celle qui s'inscrit dans l'Être Absolu du monothéisme, se heurte aux méandres de l'illusion et de l'erreur qu'incarne l'idolâtrie.

Ibrāhiym oppose science et opinion, le monde de la lumière et du réel et le monde du virtuel et des ténèbres. Cette sagesse d'Ibrāhiym généralement axée sur l'activité spirituelle impose au préalable une rupture avec les évidences communes de la société traditionnelle. Cette inspiration se retrouve dans la quête de l'Être Suprême et non dans l'imitation servile des us et coutumes !

Ibrāhiym estime qu'il faut examiner toutes les questions et que ceux qui demandent s'il convient d'honorer les dieux [idoles] imaginés par les hommes ou de vouer un culte au Créateur des hommes, méritent en réponse une correction radicale. De même celui qui demande si Allah est le Créateur de l'Univers n'a qu'à ouvrir les yeux et regarder. C'est ce qui ressort du dialogue d'Ibrāhiym avec son père lorsqu'il l'invite à suivre la voie droite, celle qu'il lui trace son fils pourvu de la Science.

Ibrāhiym annonce de quelle manière celui qui nie l'existence d'un Créateur s'arrime-t-il à *Shaytān* dont l'unique visée est essentiellement *anti-divine* [*anti-Tout Miséricordieux*]. Le développement le plus important du Message d'Ibrāhiym consiste d'abord à mettre table rase, par un langage ordinaire, les subtilités des sceptiques, dont son père en est l'illustre représentant. La régression type.

« *Ô mon père, je crains qu'un châtiment venant du Tout Miséricordieux ne te touche et que tu ne deviennes un allié de Shaytān [« semeur de désordre sur Terre », Iblīs] »* » *(Coran, 19-45)*

Pour Āzār, le seul critère de rejet des propos d'Ibrāhiym ne consiste pas en une recherche de dialogue, mais il est d'ordre agressif [« … *Si tu ne cesses pas, certes je te lapiderais ; éloigne-toi de moi pour bien longtemps* »]. Āzār suspecte toute notion qui le conduit à remettre en question la religion de ses ancêtres et à reconnaître ce que le bon sens du discours d'Ibrāhiym et sa sagesse lui enseignent de distinguer.

Force est de constater que les données sur le sens des mots tels que « *égarement, Shaytān, châtiment du Tout Miséricordieux* » sont vaines et surtout inutiles. En effet, Āzār a parfaitement compris que la restauration du bon sens passe par une critique de l'idée [croyance, foi] comme intermédiaire entre lui [conscience - *Nāfs* -] et les idoles.

« *Il [son père Āzār] dit : « Ô Ibrāhiym, aurais-tu du dédain pour mes divinités ? Si tu ne cesses pas, certes je te lapiderais ; éloigne-toi de moi pour bien longtemps »* » *(Coran, 19-46)*

Āzār renforce sa colère à l'égard d'Ibrāhiym qui manifeste du mépris pour sa croyance et surtout lorsqu'il y soutient avec certitude que le châtiment d'Allah s'abattra sur lui et qu'il est en mesure d'être, par ses convictions religieuses, un fidèle allié de *Shaytān* [« *Semeur de Désordre* »].

La plupart de ces affirmations paraissent être des truismes sans intérêt pour Āzār. Leurs valeurs demeurent polémiques et c'est pour cela qu'il est de son devoir, semble-t-il, de les faire cesser quand elles sont bafouées. D'autre part, pour Ibrāhiym, elles ont valeur de critère : un égarement ou une élucubration ne peut aller sérieusement à contre-sens de la raison, de la Science et soutenir, par exemple, que les idoles ont un pouvoir réel, qu'elles sont une puissance avérée.

« « *Paix sur toi* », *dit Ibrāhiym.* « *J'implorerai mon Seigneur de te pardonner car Il a m'a toujours comblé de Ses bienfaits* » *(Coran, 19-47)*

Malgré les tentatives répétées à vouloir délivrer son père de l'obscurantisme idéaliste et à pouvoir croire qu'il serait sensible à ce que le bon sens estime être tel, que l'idolâtrie est une croyance vouée au néant dans un Univers enclin à adorer son Créateur. Ibrāhiym ressent de la compassion envers son père et lui témoigne qu'il implorera Allah de lui pardonner.

3 - *Ibrāhiym fustige les idolâtres*

« *Quand il [Ibrāhiym] dit à son père et à son communauté :* « *Que sont ces statues auxquelles vous vous attachez ?* » » *(Coran, 21-52)*

« *Quand il [Ibrāhiym] dit à son père et à son communauté :* « *Qu'adorez-vous ?* » » *(Coran, 26-70)*

« Quand il [Ibrāhiym] dit à son père et à son communauté : «Qu'est-ce que vous adorez ? » (Coran, 37-85)

L'expression « ... *Qu'adorez-vous ?* » ramène au sens premier de la raison des idolâtres. C'est ainsi qu'Ibrāhiym appuie son affirmation en la fondant selon une observation *logique*. La statue reste bien ce qui caractérise la société d'Ibrāhiym, un simple ouvrage de sculpture en trois dimensions, un vulgaire objet, qui est l'image d'un concept et qui représente une chose abstraite [ce qui est propre ou caractérise les forces - vent, foudre, etc. - ou les éléments de l'Univers - étoile, soleil, lune, etc. -] et qui est ainsi divinisée.

Vu ainsi, le problème de l'adoration des statues représente le moteur et le fil conducteur de la *critique ibrāhiymienne*.

« *Qu'adorez-vous ?* » est une interrogation qu'Ibrāhiym soumet à la population. En d'autres termes, quel est le sujet de votre adoration ? A qui ou à quoi vouez-vous ce culte ? Quelle est cette religion ? Il avoue que lui-même a du mal à saisir le sens de cette frénésie confessionnelle. La principale caractéristique de cette question indiquait d'emblée que les assises de l'idolâtrie sont d'une très grande fragilité.

Ibrāhiym affirme que le *culte des idoles* est bien une vile superstition. Dans son essence, celui-ci est plus qu'une aberration de la religion droite, le *monothéisme,* il est, pour Ibrāhiym, une véritable inversion de la foi. De manière générale, l'idolâtrie n'est qu'un ensemble de pratiques divinatoires et magiques que *Shaytān* s'est employé à propager. C'est une croyance irrationnelle, non fondée en raison mais ô combien pernicieuse et si bien adaptée pour les ignorants !

Ibrāhiym associe l'ignorance à l'idolâtrie lorsqu'il en fait la source d'erreurs et de corruption de la raison par son mélange avec la stupidité superstitieuse. De ce fait, elle apparaît de loin la plus étendue et la plus dommageable pour l'intelligence humaine. Cette dernière qui n'est pas moins soumise aux impressions de l'imagination qu'à celles des notions vulgaires.

Et il est clair que ce sont toutes les religions inventées que condamne Ibrāhiym lorsqu'il stigmatise, en particulier la croyance de son père, de sa communauté et de leurs ancêtres. L'idolâtrie enseigne à mépriser la vérité et la raison, à admirer et à vénérer la fausseté et l'ignorance.

« *Ils dirent : « Nous adorons des idoles et nous leurs restons attachés »* » *(Coran, 26-71)*

La communauté et le père d'Ibrāhiym s'étaient appliqués à défendre l'idolâtrie en l'éloignant de la *licéité*[4]. Les statues que les prêtres placent dans les temples dédiés aux astres et aux éléments célestes représentent, selon eux, des dieux dont leurs pouvoirs influencent particulièrement la destinée des hommes. Ibrāhiym s'indigne que les notables et les prêtres répandent auprès

---

[4] *Licéité*. En théologie, qualité de ce qui est objectivement bon.

du peuple aveugle et misérable l'adoration de ces statues en y introduisant d'abominables superstitions.

« *Il* [*Ibrāhiym*] *dit : « Que dites-vous de ce que vous adoriez...* » *(Coran, 26-75)*

« *Vous et vos vieux ancêtres ?* » *(Coran, 26-76)*

Parallèlement à ces courants idolâtres qui embellissaient en quelque sorte la superstition, en introduisant dans sa sphère nombre de pratiques occultes et en l'assimilant finalement à une interprétation erronée de phénomènes naturels, en raison de l'inculture de la masse. Les querelles religieuses suscitées par Ibrāhiym lui rendent toute sa dimension polémique : c'est la *sacralisation des Ancêtres* qui se vit alors accusée de transmettre des superstitions et des faux dieux.

Toute différence entre *Dīne Allah* [*Religion d'Allah*] et *religion superstitieuse* va ainsi se trouver gommée par la perspicacité d'Ibrāhiym, car Dīne Allah est entièrement rationnel. Il se confond alors avec la réalité et la science. Ainsi, cette croyance en Allah s'oppose, par conséquent, à l'idolâtrie qui trouve son terreau dans l'ignorance, l'obscurantisme et la peur.

« *Il dit : «Vous entendent-elles lorsque vous* [*les*] *appelez ?* » *(Coran, 26-72)*

L'humour d'Ibrāhiym s'allie à un mépris de l'univers des idoles qui cache l'anéantissement d'une intelligence déjà limitée par la *Tradition* et la société. Et c'est cet anéantissement qui est démasqué comme tel par la raison qu'Ibrāhiym ranime par ces paroles.

« ou vous procurent-elles un quelconque profit ? Ou peuvent-elles vous nuire ? » » (Coran, 26-73)

Ibrāhiym propose aux idolâtres l'élucidation de ce rapport qu'ont les idoles confrontées aux frustrations et aux désarrois humains. Il soulève ainsi la question de l'absurdité de l'entendement humain, pour lequel il n'est pas possible d'entrevoir une adéquation véritable entre des statues en pierre ou en argile et leurs prétendues actes [pouvoir, puissance, etc.], celles-ci se heurtant à une dérision infinie.

« Ils dirent : « Non ! Mais nous avons trouvé que nos ancêtres agissaient ainsi » » (Coran, 26-74)

L'argumentation des idolâtres apparaît bien faible quand leurs propositions sont confrontées à celles d'Ibrāhiym et de sa science. Bien des références longtemps considérées comme allant de soi, se révèlent fausses pour Ibrāhiym.

Plus généralement, le père d'Ibrāhiym et sa communauté ne peuvent différencier l'objet de la vérité [*Allah, Tāwhid*] et de la perception, donc celle de la science et l'objet de l'imaginaire, du mythe. Envisagé sous son aspect socioculturel [« ...« *Nous avons trouvé que nos ancêtres les adoraient...* »], le culte des statues est l'ensemble de croyances par où sont renforcés le sentiment d'appartenance et la cohésion sociale.

« Ils dirent : « Nous avons trouvé que nos ancêtres les adoraient » » (Coran, 21-53)

L'appel au sentiment collectif peut revêtir ainsi une fonction idéologique, et son contenu peut être déterminé idéologiquement. Dans le discours *démagogique*[5] d'Āzār notamment, cet appel peut s'interpréter comme l'invocation d'une autorité supérieure [*ancêtres*] fournissant appui et alibi. Il résulte de ces différentes considérations qu'aucune argumentation du sens de l'idolâtrie ne saurait échapper à un certain nombre de paradoxes, dont Ibrāhiym a établi l'inventaire simple et très concluant dans l'un des rares moments que sa communauté lui a consacré sur ce sujet.

« Il [Ibrāhiym] dit : « Certainement, vous avez été, vous et vos ancêtres, dans un égarement évident » » (Coran, 21-54)

Dans l'optique d'Ibrāhiym, son père et sa communauté doivent admettre l'*inutilité* de la statuaire et l'aberration métaphysique qui en découle, car il va sans dire que l'idée ne se communique pas sans incohérence. En ce sens, l'attitude puritaine d'Ibrāhiym ne peut la modifier que de manière polémique le plus souvent. Ibrāhiym a beau expliquer que l'idolâtrie est en fait l'expression fallacieuse de la croyance des Anciens.

En effet, le caractère intuitif et quasi discursif du bon sens du monothéisme s'oppose au caractère illogique et

---

[5] *Démagogique*. Relatif à la *démagogie*, à un comportement de flatterie à l'égard du peuple et de ses préjugés afin d'augmenter sa popularité.

coutumier de l'idolâtrie. Il n'en demeure pas moins que la *réflexion ibrāhiymique* sur le sens ontologique de la croyance et de la divinité, outre son lien avec le rappel du *réalisme*[6] métaphysique, provoque un sursaut des significations et jusqu'aux premières revendications religieuse des idolâtres.

« Il [Ibrāhiym] dit : « Mais au contraire votre Seigneur est le Seigneur des cieux et de la terre, et c'est Lui qui les a créés. Et je suis un de ceux qui en témoignent » (Coran, 21-56)

Il n'est ainsi pas étonnant que le concept du *Tāwhid* [Unicité d'Allah] joue un rôle essentiel, voire central, dans le dogme du *Dīne d'Ibrāhiym*. Dès lors, les idolâtres qui s'opposent à la conception rationaliste et refusent de voir dans la *foi de la raison* [Dīne d'Ibrāhiym] ce qui caractérise l'homme, ce qui est seul capable de réaliser pleinement la nature humaine.

Cependant, le sens métaphysique et intellectuel du Dīne d'Ibrāhiym est entièrement, et peut-être même principalement, fixé par ses liens avec l'intelligence. Laquelle désigne la Révélation, le discours cohérent, l'énonciation sensée et, en tant que telle, compréhensible, admissible, valable universellement. Il caractérise non seulement ce discours *ontologique*[7], mais également ce que ce discours révèle.

---

[6] *Réalisme.* Aptitude à voir la réalité et en tirer les conclusions qui s'imposent.
[7] *Ontologique.* Qui relève de l'être général, de l'existentiel.

Les principes de ce qu'est vraiment la raison d'être de l'Humain [d'où vient-il, où va-t-il ?] au sein de cet Univers ô combien subtil et grandiose !

Ibrāhiym annonce la rupture des fausses religions qui ne reposent sur rien, comme l'idolâtrie, et propose une vraie croyance qui a pour fondement Allah, [« ... *le Seigneur des cieux et de la terre, et c'est Lui [Allah] qui les a créés...* »].

« *Ils dirent : « Nous viens-tu avec la vérité ou plaisantes-tu ? »* » *(Coran, 21-55)*

A ce message inattendu, la réplique des idolâtres qui privilégie à tout sentiment du sublime de la nature humaine [intelligence, sagesse, raison, observation, etc.], le pittoresque, le grotesque. Dans une acception plus large, en renfermant les paroles d'Ibrāhiym à la fois dans le burlesque et l'humour [«...« *Nous viens-tu avec la vérité ou plaisantes-tu ?* »].

« *Cherchez-vous, dans votre égarement, des divinités en dehors d'Allah ?* » *(Coran, 37-86)*

Ibrāhiym prescrit le *Dīne d'Allah* le *Seigneur de Hālamīyn* comme remède à l'égarement qui est à même de faire disparaître un rapport de malaise existentielle que l'idolâtrie laisse volontairement en filigrane : celui de l'impuissance humaine face à un Univers sinon hostile, du moins incompréhensible.

« Que pensez-vous du Seigneur de Hālamīyn [Univers, Humain, Jinn et tout ce qui existe autre qu'Allah] ? » »
(Coran, 37-87)

Ibrāhiym traite son père et sa communauté d'hommes irraisonnables car ils ne tiennent pas compte des facteurs qui caractérisent la situation *raisonnable*[8] dans laquelle ils sont appelés à se prononcer. Facteurs qui se décident alors en vue du résultat le plus proche de la réalité et de la vérité. Ceux-là mêmes qui soumettent leurs penchants non pas au calcul de leurs intérêts [mercantiles, politiques, etc.] mais à l'accomplissement de la Vérité. Partout, et surtout dans la croyance figée de l'idolâtrie comme raison socioculturelle ou ancestrale. Il s'agit d'une attitude *mécaniste*[9] qui s'oppose aux mouvements réfléchis de la quête de l'*Être Absolu*, du *Nāfs*, de la Science.

4 - Ibrāhiym révèle Allah

La foi pure en Allah exige la connaissance concrète en Lui. D'après Ibrāhiym, aucun humain n'est pensable qui n'ait sa foi en Allah. Ce que la foi en Allah est capable de faire, c'est de condamner telle croyance qui a pour fond le mensonge, la transformation d'êtres humains en instruments. Elle se contente de rejeter ce qui est faux et, par extension, ce qui n'existe pas.

---

[8] *Raisonnable*. Doué de raison, capable de raisonner ; qui pense et agit conformément à la raison.
[9] *Mécaniste*. Qui appartient au *mécanisme*, théorie philosophique qui considère que tout phénomène est le produit des propriétés mécaniques de la matière.

Bien plus, comme le discours du représentant de la foi pure en Allah, Ibrāhiym, s'adresse à une société donnée à un moment déterminée. Tout en se voulant vrai, ce discours veut contribuer à la naissance d'un monde plus moral sans idolâtrie, Ibrāhiym connaît cette société objectivement.

La foi en Allah que celui-ci préconise informe le monde, doit lui donner sa forme. Mais c'est ce monde-ci, non un monde quelconque, ce sont ces hommes-ci, indigents, ignorants, qui ont des désirs, des passions, des besoins qu'ils considèrent comme naturels, désireux de bonheur, pleins de pulsions, qu'elle [foi en Allah] veut éduquer au *Dīne Allah*.

« Son peuple discuta avec lui ; mais il dit : « Allez-vous discuter avec moi au sujet d'Allah, alors qu'Il m'a guidé ? Je n'ai pas peur des associés que vous Lui donnez. Je ne crains que ce que veut mon Seigneur. Mon Seigneur embrasse tout dans Sa science. Ne vous rappelez-vous donc pas ? » (Coran, 6-80)

Par son attitude intransigeante, au sens strict, Ibrāhiym entend désormais ne rien céder sur tout ce qui concerne le rapport qu'il a avec Allah et avec l'énoncé de Sa Révélation. Ibrāhiym campe sur ses positions et à ces conditions, l'interlocution générale la plus minime avec les idolâtres se trouve dans une situation des plus figées. Tout discours sur le sujet de leur discorde [croyance en Allah] reste vain.

Ne faire aucune concession revient à proposer aux idolâtres d'entrer dans un tout autre registre de la conception de la *déité*, un concept inédit, celui de l'*Omnipotence*, de la *Transcendance* et de l'*Omniscience*, attributs naturellement divins, ceux qui caractérisent le Seigneur d'Ibrāhiym [« ...*Mon Seigneur embrasse tout dans Sa science...* »].

« *Et comment aurais-je peur des associés que vous Lui donnez, alors que vous n'avez pas eu peur d'associer à Allah des choses pour lesquelles Il ne vous a fait descendre aucune preuve ? Lequel donc des deux partis a le plus droit à la sécurité ?* [*Dites-le*] *si vous savez* » *(Coran, 6-81)*

Ibrāhiym aboutit à la définition de la compétence des divinités des idolâtres que ces derniers vénèrent sous forme d'objet et de la crainte de leur châtiment. Il résout le problème tout à fait général, tels que, par exemple, celui de lui fournir un quelconque signe, une démonstration logique, rationnelle, mathématique dirons-nous, établissant que ce qu'ils soutiennent est exact et qui établit la vérité.

« *Ceux qui ont cru* [*au Message de Moūhammad*] *et n'ont point troublé la pureté de leur foi par quelque iniquité* [*association*]*, ceux-là ont la sécurité ; et ce sont eux les bien guidés* » » *(Coran, 6-82)*

« *Tel est l'argument que Nous inspirâmes à Ibrāhiym contre son peuple. Nous élevons en haut rang qui Nous voulons. Ton Seigneur est Sage et Omniscient* » *(Coran, 6-83)*

Allah suscite à Ibrāhiym autant de preuves, d'éléments servant à démontrer que son discours s'applique à merveille aux contextes socioculturels et aux questionnements concrets des idolâtres. C'est sur ce terrain qu'il ne rencontre aucun obstacle à son argumentation.

Celle-ci s'attache à décrire rationnellement la signification de la croyance, du sens de la divinité d'après les comportements irrationnels de la population [son père, la communauté, les hommes en général] dans un cadre institutionnel tels que celui fixé par la *Tradition des Ancêtres idolâtres*.

Cette application de la pragmatique Ibrāhiymienne ne sera possible que si Ibrāhiym prévoit les outils intellectuels indispensables : pertinence du raisonnement, information pragmatique, énoncés discursifs ou argumentatifs, etc.

« *Et [rappelle] Ibrāhiym, quand il dit à son communauté : « Adorez Allah, et craignez-Le : cela vous est bien meilleur si vous saviez » » (Coran, 29-16)*

Ibrāhiym souhaite de la part de l'assistance [son père, la population] plus qu'une révolte ou une quête de l'extériorité, mais une conversion intérieure, intime. Celle qui réintroduit la relativité des choses, de l'Univers, d'Allah dans une éthique religieuse. Ainsi, dépassant l'ignorance, pour laquelle l'idolâtrie incarne la position humaine malheureuse, Ibrāhiym lui rend toute la dynamique d'une transition dans la mesure où, le sens du divin n'est nulle part dans la mentalité des idolâtres. Ainsi, il est toujours possible de l'insérer par la raison et l'intelligence où, jusque dans ces réalités mêmes, le sens du divin ne peut être nié par les idolâtres.

« Vous n'adorez que des idoles, en dehors d'Allah, et vous forgez un mensonge. Ceux que vous adorez en dehors d'Allah ne possèdent aucun moyen pour vous procurer votre subsistance ; recherchez votre subsistance auprès d'Allah. Adorez-Le et soyez reconnaissants envers Lui. C'est à Lui que vous serez ramenés » (Coran, 29-17)

Ibrāhiym pourrait assimiler ainsi, l'aveuglement des idolâtres à une sorte de *démence*. Ibrāhiym est tenté de se contenter de cette seule explication. En effet, car comment des humains peuvent-ils adorer des concepts, des choses inanimées et des objets qui ne leur sont d'aucune utilité ?

Comment peuvent-ils ignorer et refuser d'attacher la moindre importance au Créateur de l'Univers, Celui qui leur a donné la vie et subvient à leur existence ? Vraiment, cela est incompréhensible !

Réunissant les exigences comme le souligne le verset [« *…Adorez-Le [Allah] et soyez reconnaissants envers Lui [Allah]…* »] demande pour l'époque d'Ibrāhiym un caractère psychologique original, la connaissance des limites humaines et un certain aspect du rationnel même si l'Univers reste pour le commun des mortels quelque chose de statique.

Il en va ainsi lorsqu'Ibrāhiym veut bien le considérer comme un passage, une étape vers un stade ultérieur qui dépasserait la question de la problématique humaine face à une nature indéchiffrable. C'est bien ainsi que l'entend Ibrāhiym, pour qui l'adoration d'Allah figure comme une prise de conscience que l'intellect doit amener à un niveau plus élevé. Celui de la croyance en un Être Suprême où le sens ne réside plus dans la Nature, mais dans la Révélation.

Dès lors, Allah reste lié, après le désespoir de la relativité, à un engagement dans le monde, puisque le sens se trouve délibérément dévoilé.

L'humanité, telle qu'incarne Ibrāhiym, n'a donc rien à dire, rien à prouver et désigne plutôt un certain comportement. Celui-ci ne demanderait qu'à témoigner par là de la reconnaissance envers Allah, Celui qui pourvoit à l'existence de toute la création.

« *[C'est Allah] qui m'a créé, et c'est Lui qui me guide ;* » *(Coran, 26-78)*

« *et c'est Lui qui me nourrit et me donne à boire ;* » *(Coran, 26-79)*

« *et quand je suis malade, c'est Lui qui me guérit,* » *(Coran, 26-80)*

« *et [c'est Lui] qui me fera mourir, puis me redonnera la vie,* » *(Coran, 26-81)*

« *et c'est de Lui que je convoite le pardon de mes fautes al-Yāwm al-Dīynī* [« *le Jour de la Rétribution* »] » *(Coran, 26-82)*

Pour Ibrāhiym, il s'agit donc d'essayer et de vouloir le sens du divin. C'est justement remplir l'éthique et atteindre au sublime Allah. L'*Idolâtrie*, face cachée de l'abrutissement de masse, représente bien le péché par excellence. Celui de ne pas vouloir profondément et sincèrement et de se laisser tomber dans l'apathie de la *Tradition*, la *paresse des Ancêtres*.

Ibrāhiym répond toujours à l'absurde en permettant, grâce à une série de faits [«...*Allah qui m'a créé, qui me guide, qui me nourrit, me donne à boire, qui me guérit, qui me fera mourir, puis me redonnera la vie...*»] de vaincre le vide émotionnel des idolâtres et de transformer ainsi la petitesse et la souffrance de sa personne en un comportement universel et dominateur.

L'explication donnée par Ibrāhiym quant à son existence, sa présence sur Terre, désigne un moi qui se défend de l'inertie intellectuelle. Un moi qui refuse de se laisser toucher par les contradictions aberrantes du monde idolâtre et du monde tout simplement.

Cela suppose donc non seulement un dépassement de soi libérateur d'énergie [action, dévotion, etc.], mais encore quelque chose de sublime et d'élevé qui tient d'un registre supérieur à celui de l'ego : l'exaltation des attributs d'Allah et la recherche de Son agrément !

Celui-ci peut alors donner lieu à une répartition d'énergie telle qu'il étouffe les manifestations émotionnelles de l'idolâtrie, renforçant ainsi l'Immanence et la Transcendance sur lesquelles s'appuie Allah vis-à-vis des évènements cosmiques [universels, infinis].

Par ce mécanisme discursif, Ibrāhiym tend à garantir la réalité des faits existentiels [création, vie, mort, résurrection] et à sauvegarder le principe de leur vérité qui n'a donc pas à être expliqué amplement, ni à convaincre de force.

Il signifie plutôt un comportement. De même qu'il touche à la sublimation du divin et à une vision supérieure de l'esprit, de même entre-t-il dans la catégorie de l'éthique du *Nāfs* [« *Âme* »].

Ce sont ces notions bien comprises par Ibrāhiym qui, désormais, placent ses actes et ses discours à la recherche de la grâce d'Allah [« ...*et c'est de Lui que je convoite le pardon de mes fautes al-Yāwm al-Dīynī* [« *le Jour de la Rétribution* »],... »].

5 - *Doūhā* [*invocation, sollicitation, prière*] *d'Ibrāhiym*

« *Seigneur, accorde-moi Houkmān* [*Houkmā, Hikmā - sagesse, savoir*] *et fais-moi rejoindre les gens de bien ;* » *(Coran, 26-83)*

« *fais que j'aie une mention honorable sur les langues de la postérité ;* » *(Coran, 26-84)*

« *et fais de moi l'un des héritiers du jardin des délices* » *(Coran, 26-85)*

« *et pardonne à mon père : car il a été du nombre des égarés ;* » *(Coran, 26-86)*

« *et ne me couvre pas d'ignominie, le jour où l'on sera ressuscité,* » *(Coran, 26-87)*

« *le jour où ni les biens, ni les enfants ne seront d'aucune utilité,* » *(Coran, 26-88)*

« *sauf celui qui vient à Allah avec un cœur sain* [*purifié du polythéisme et de l'hypocrisie*] » » *(Coran, 26-89)*

Il est question dans cette suite de versets de l'acte par lequel Ibrāhiym s'adresse à Allah en un discours qui revêt d'une grande importance tant ontologique qu'eschatologique. La formule ibrāhiymique sollicite le Tout Miséricordieux de lui accorder *al-Houkmā* [la *sagesse*, le *savoir*] et de lui permettre avec Son aide de parvenir à rejoindre les gens vertueux. Ceux qui ont une disposition qui porte vers l'*Ordre* [justice, moralité, altruisme, etc.] qu'Allah a établi.

Ibrāhiym, malgré la pureté de ses intentions craint de tomber dans une attitude qui amenuise sa sensibilité, son sentiment, sa spontanéité. Il ne lui semble pas que ces craintes soient fondées.

Une morale qui, formelle, n'impose à la conscience aucune aide divine, peut être considérée comme une maladresse envers Allah. Les invocations de sentiments, pour nobles qu'ils soient, renvoient à un contenu qui possède en soi une signification morale.

Au départ de cette pensée se trouve ainsi la volonté d'Ibrāhiym en tant qu'individu d'être en paix avec lui-même, de réaliser l'accord entre sa conscience morale et sa nature sensible.

Citoyen de deux mondes, celui d'ici-bas [terrestre] de l'expérience sensible par rapport auquel il se trouve en situation de dépendance, et celui de l'au-delà [*al-Yāwm al-Dīynī* [« *le Jour de la Rétribution* »], de la réalité absolue d'une Loi qui dépasse tout entendement.

Ibrāhiym est un être indigent, un être qui ne peut se suffire à lui-même et qui a besoin de l'aide d'Allah. Ibrāhiym est un être libre, il ne l'ignore pas, et c'est justement sous cet aspect seulement qu'il apparaît insuffisant, exposé au besoin, obligé de compter sur Allah pour se procurer les satisfactions auxquelles sa nature besogneuse [besoins et besognes] lui ordonne.

Selon Ibrāhiym, il n'est pas concevable que ce qui est le souci de tout homme n'ait aucune possibilité de trouver une réponse. Le concept de l'homme comme être nécessiteux permet le passage à une foi concrète en Allah.

6 - Ibrāhiym brise les idoles

« *Et par Allah ! Je ruserai certes contre vos idoles une fois que vous serez partis* » » *(Coran, 21-57)*

La passion d'Ibrāhiym pour la vérité le conduit à élaborer un plan contre la croyance de la population. Il va procéder de façon particulièrement habile afin de tromper ses adversaires. En effet, Ibrāhiym oriente son action vers leurs idoles, et cela de manière discrète. Il agira pendant leur absence.

« Alors il se glissa vers leurs Ālīhātīhīm [Ālīhāh - divinités] et dit : « Ne mangez-vous pas ? » » (Coran, 37-91)

« Qu'avez-vous à ne pas parler ? » » (Coran, 37-92)

« Puis il se mit furtivement à les frapper de sa main droite » (Coran, 37-93)

Les résultats qu'Ibrāhiym tire de l'observation des statues sont une réfutation solennelle à l'absurdité d'une telle croyance. En effet, il démontre ce qu'est le déraisonnable, l'incohérent lorsqu'il interroge les statues [« … : *« Ne mangez-vous pas ? »* »].

Ibrāhiym ne se contente pas de leur adresser la parole, il les moleste pour bien souligner et faire apparaître ce qui est absurde, contraire à la raison. Les statues n'entendent pas, elles ne parlent pas [« *Qu'avez-vous à ne pas parler ?* »], elles ne bougent pas, elles ne font rien. En un mot, elles sont inanimées, elles ne vivent pas et par conséquent elles ne sont d'aucune utilité.

Alors quelle est la logique à tout cela, il ne s'agit aucunement celle des sciences des faits, celle de cette logique qui développe, en les rendant clairs et cohérents, les évènements et les réalités.

« Il les mit en pièces, hormis [la statue] la plus grande. Peut-être qu'ils reviendraient vers elle » (Coran, 21-58)

Seul dans le sanctuaire où trônent les statues, Ibrāhiym libère son exacerbation sur elles en les cassant, en les anéantissant. Il les réduit toutes en morceaux, excepté l'une d'entre elles qu'il préserve intacte. La plus grande statue [celle qui n'a pas été touchée] servira peut-être à mettre en évidence la stupidité de leur culte et l'incohérence de leur raisonnement [« ... *Peut-être qu'ils reviendraient vers elle* »] au cas où ils auront la sotte idée d'entrer en contact avec elle.

« Ils dirent : « Qui a fait cela à biālihātinā [nos Ālihāh - divinités -] ? Il est certes parmi les Zhālimīyn [polythéistes et injustes] » » (Coran, 21-59)

De retour dans le sanctuaire, qu'elle ne fut la stupéfaction et le trouble des idolâtres lorsqu'ils découvrent, là à leurs pieds l'étendu du sacrilège. Pour eux, le fait d'outrager ce qui leur est particulièrement vénérable, la profanation d'un lieu sacré et la destruction de leurs divinités ne peut provenir que de quelqu'un qui a du mépris pour leur croyance. Selon eux, une personne qui se rend coupable d'un sacrilège aussi abominable ne peut être qu'un *Zhālimīyn*.

7 - Ibrāhiym est entendu par les idolâtres

« [Certains] dirent : « Nous avons entendu un jeune homme médire d'elles [statues, divinités] ; il s'appelle Ibrāhiym » » (Coran, 21-60)

Parler des statues, c'est parler d'un mot autant que d'une incohérence. C'est même, plus précisément, se demander s'il y a bien derrière ce mot une aliénation ou une notion bien circonscrite que la raison a du mal à utiliser.

L'existence des statues est un illogisme autonome dans la société d'Ibrāhiym et c'est précisément ce que celui-ci démontre en examinant ici le principal thème qui a donné au mot *statue* sa valeur cultuelle.

Les statues qui ont acquis droit de cité dans la société ibrāhiymienne ont dans une large mesure pris une importance particulière d'où dérivent tous les faits mythiques, superstitieux, magico-religieux.

Le problème qui oppose Ibrāhiym aux idolâtres se précise d'avantage et prend une tournure beaucoup plus conflictuelle. Surtout lorsque ces derniers témoignent de l'animosité du fait des propos outrageux et sacrilèges à l'encontre des statues, donc des divinités.

« *Ils dirent : « Amenez-le sous les yeux des gens afin qu'ils puissent témoigner » »* (Coran, 21- 61)

« *Alors [les gens] vinrent à lui en courant* » (Coran, 37- 94)

Les dirigeants [gens influents : notables, prêtres, soldats, etc.] invoquent la transparence inquisitoriale lorsqu'ils ordonnent de faire comparaitre Ibrāhiym devant eux et devant la population afin que ce dernier s'explique sur ces méfaits.

Ils se demandent à quel point leur autorité pourrait sortir renforcer lorsqu'un tel groupement verrait leur cohésion et le maintien de l'ordre en matière religieuse.

Ils n'hésitent guère à définir les délits d'Ibrāhiym afin de déterminer et d'applique des sanctions. En présence du peuple, les dirigeants sont enclins à punir l'acte criminel que constituent la profanation et la destruction volontaire des représentations du culte [divinités, idoles, statues].

« [Alors] *ils dirent : « Est-ce toi qui as fait cela à nos Ālihāh, Ibrāhiym ? »* » *(Coran, 21-62)*

L'analyse des faits n'est pas difficile, elle marque clairement l'accusation du caractère ignoble d'Ibrāhiym. Sur cet aspect, les dirigeants ne font qu'avaliser le point de vue de la foule. Quoi qu'il en soit, les accusateurs expriment, non sans naïveté, dans le cadre de leur interrogatoire en s'efforçant d'être brève, la question classique : «…« *Est-ce toi qui as fait cela à nos divinités, Ibrāhiym ?* ».

« *Il* Ibrāhiym [*leur*] *dit : « Adorez-vous ce que vous-mêmes sculptez,* » *(Coran, 37-95)*

Ibrāhiym a donc vu que, ses critiques citées ici [« …« *Adorez-vous ce que vous-mêmes sculptez,* »] s'appliquaient à des faits réels que ne peuvent esquiver ceux à qui s'adresse ce jugement sévère.

À ce titre, le discrédit qui les frappe est pleinement justifié. Ce qui, chez eux, était concentré sous un concept naturel car originaire de la *Tradition des Ancêtres* se retrouve, par l'argumentation d'Ibrāhiym dispersé, dans tous les domaines de la bêtise humaine et, même, simplement socioculturel [*Tradition*].

Le problème dans cette accumulation de preuves est ailleurs : qu'est-ce qui empêche l'assistance d'approuver qu'il existe, dans les objets ou statues protégés par des interdits un domaine circonscrit, appelé l'*Ignorance* ?

Il est impensable pour eux d'établir une hypothèse déjà très contraignante. Celle de supposer que, dans le sujet de leur adoration, toutes les idoles ou statues protégées par des interdits ont en elles-mêmes quelque chose d'illogique, d'anormal. Ce qui autoriserait à utiliser le substantif *égaré* ou tout autre mot pour nommer le domaine qu'ils sont alors censés adorer. C'est sur ce tableau-là qu'Ibrāhiym essaie de convaincre l'auditoire, mais en vain.

« « *alors que c'est Allah qui vous a créés, vous et ce que vous faites ?* » » *(Coran, 37-96)*

Pour Ibrāhiym, la notion de statue comme divinité ne peut qu'être récusée par la raison et ne peut que heurter l'intellect. Oui, en effet, comment des objets qui sont sculptés par des hommes peuvent-ils être sujets d'adoration par ceux-là mêmes qui les ont crées ? Le culte d'Allah, retenu par Ibrāhiym c'est le sacré, comme principe impersonnel et diffus. Il a fourni cette notion de *Tāwhid* aux côtés d'autres notions comparables comme par exemple, *Immanence, Omniscience, Omnipotence,* etc.

Allah apparaît comme l'unique recours du *Nãfs* au Transcendant. Toute autre considération ne ferait que déplacer le problème, car Allah est le sacré considéré comme une notion opérante.

Les valeurs ou notions inculquées par Ibrāhiym s'opposent de façon tranchée à des valeurs ou notions provenant de la seule expérience de la *Tradition des Ancêtres* qu'incarne l'adoration des idoles.

Y a-t-il seulement une expérience de la *Tradition des Ancêtres* où la société ou, mieux, la culture qui ait sa part de cohérence ? C'est l'idée d'Ibrāhiym, mais l'assistance a du mal à imaginer quelles pourraient être ces notions élaborées par lui et dont il ne cesse de parler.

Ibrāhiym révèle tout simplement ce à quoi il croit, c'est à dire à Allah Auteur de l'Univers et Créateur des hommes et de l'argile [matériau] qui sert à sculpter leurs statues.

En d'autre termes, Ibrāhiym tente désespérément de leur expliquer qu'Allah les a créé [les hommes, eux-mêmes -l'assistance-] à partir de la matière [terre, argile, glaise, minéral] ; celle-là même qui leur sert à confectionner leurs divinités qu'ils adorent. Ibrāhiym s'interroge.

Ibrāhiym leur renvoie la question et par extension leur demande tout simplement : *pourquoi n'adorez-vous pas directement le Dieu qui vous a crée vous et la matière dont sont constitués vos dieux ?*

8 - Ibrāhiym spécule par l'absurde

« Il dit : « C'est la plus grande d'entre elles que voici, qui l'a fait. Demandez-leur donc, si elles peuvent parler » » *(Coran, 21-63)*

Ibrāhiym s'insurge contre ses accusateurs en leur révélant que le principal inculpé dans cette affaire est la grande statue qui, d'ailleurs, est la seule à se dresser intacte dans la salle.

Sans aucun doute que l'unique responsable de cette faute dont on l'accuse est cette grande idole. En effet, il s'agit incontestablement de l'action délictueuse de cette dernière car il n'existe aucune autre *explication rationnelle* à ce triste événement.

Ibrāhiym rajoute avec dérision qu'ils [idolâtres] doivent interroger les statues brisées, puisque celles-ci sont des divinités pour qu'elles révèlent ce qui leur est arrivé.

« *Se ravisant alors, ils se dirent entre eux : « C'est vous qui êtes les vrais Zhālimīyn [polythéistes et injustes]* » » *(Coran, 21-64)*

La formule d'Ibrāhiym [« … *Demandez-leur donc, si elles [statues brisées] peuvent parler* »] rejoint l'intuition profonde des idolâtres qui savent pertinemment que ce sont eux les *Zhālimīyn* [*polythéistes et injustes*]. Bien entendu, cette connaissance directe et immédiate de la vérité sans l'aide du raisonnement, ils la dissimulent.

En réalité Ibrāhiym, par son discours, leur désigne le problème insoluble, à savoir celui du consensus général qui se dessine sur les visages de l'assistance. Il définit le domaine foisonnant de leur égarement qui a conquis leur existence toute entière d'où le caractère manifeste de l'expression [«...« *C'est vous - idolâtres - qui êtes les vrais Zhālimīyn - polythéistes et injustes -*»]. On comprend, dans ces conditions, que le changement brutal de leur opinion soit l'enjeu de réinterprétations de la justesse de la question d'Ibrāhiym.

L'attitude pragmatique des idolâtres dans ce jeu de communication correspond au déplacement du point de vue d'Ibrāhiym qui dérange vers l'aspect d'une évidence, en somme banale [« ...« *Tu sais bien que celles-ci ne parlent pas* »].

« *Puis ils firent volte-face et dirent : « Tu sais bien que celles-ci ne parlent pas* » » *(Coran, 21-65)*

L'argumentation d'Ibrāhiym est de montrer à l'auditoire des principes qui s'appuient sur le raisonnement logique. De plus, des mesures appropriées conformes au bon sens peuvent assurer le succès de toute investigation. C'est ainsi que la première loi de la nature à connaître est que nulle chose inanimée ne peut être animée ou s'animer !

À parler simplement, la démonstration d'Ibrāhiym manifeste le point de vue d'un homme qui veut se donner les moyens rationnels, scientifiques dirons-nous actuellement, de lutter contre la stupidité de l'autocratie qui s'investit du privilège exclusif de la connaissance, c'est-à-dire *traditionnelle*.

Les termes pragmatiques ont une grande portée dans la conscience refoulée des idolâtres. Ils désignent une position didactique d'ensemble. C'est un discours de la rationalité en tant que liée aux réalités naturelles fondamentales !

Quelque chose de l'attitude pragmatique ibrāhiymienne concerne la production du sens dans les systèmes de compréhension. Elle ne regarde la rationalité que pour autant que celle-ci dépende du discours en contexte. Elle dépasse donc ses racines pragmatistes. C'est ainsi que la connaissance ibrāhiymienne influence la vue de l'esprit de l'assistance.

L'idée que les statues puissent faire l'objet d'un quelconque intérêt est explorée par Ibrāhiym sur le plan conceptuel. Idée qui se trouve mise en œuvre progressivement dans un dialogue par l'absurde, qui en était absent jusque-là, délibérément négligé pour isoler les aspects cohérents des aspects aberrants.

Ibrāhiym voit dans la perspicacité de sa logique et de sa rationalité une sorte de *science universelle* de l'usage. Son intuition allait être directement corroborée par les idolâtres qui ne perdent pas de vue sa question de la vérité. Ces derniers s'intéressent d'abord à l'intérêt pragmatique de son énonciation eu égard à une interprétation réaliste et à un contexte donné.

Ce caractère *aléthique*[10] est trop évident et le réfuter catégoriquement, c'est s'écarter définitivement de la raison, et à leurs yeux et aux yeux du public, il n'est pas judicieux d'exhiber une telle attitude.

9 - *Ibrāhiym est jeté dans le feu*

« *Il dit : « Adorez-vous donc, en dehors d'Allah, ce qui ne saurait ni vous être utile ni vous nuire ? »* *(Coran, 21-66)*

Ibrāhiym ne cesse de guider l'auditoire vers la vérité dans un modèle qu'est le *Dīne Allah* et sous un éclaircissement constant. Ibrāhiym définit nettement le langage pragmatique en introduisant un référentiel simple et compréhensible. La prise en compte du *contexte d'inutilité* du sujet d'adoration des idolâtres [«… *ce* [*idole, statue, objet*] *qui ne saurait ni vous être utile ni vous nuire ?* »] est surtout centrée sur une forme de critique vive, une sorte d'*accusation*, en conformité avec les postulations *objectivistes*[11] dont est normalement pourvu un être doué de raison. Quelle stupéfaction pour Ibrāhiym qui s'interroge toujours sur le fait que les idolâtres prennent comme divinité en dehors d'Allah, quelque chose qui ne leur est d'aucune utilité, qui ne leur serve à rien.

« *Fi de vous et de ce que vous adorez en dehors d'Allah ! Ne raisonnez-vous pas ? »* *» (Coran, 21-67)*

---

[10] *Aléthique.* Qualifie une proposition logique.
[11] *Objectiviste.* Tendance à écarter tout ce qui est subjectif, à s'appuyer sur la réalité.

Ibrāhiym est indigné de l'attitude religieuse des idolâtres d'où l'interjection qui exprime le dédain, le mépris [« *Fi de vous...* »]. L'indignation d'Ibrāhiym trouve sa réponse dans le comportement des idolâtres lorsqu'il prend comme base leur *animalité* [«...*Ne raisonnez-vous pas ?*»] à laquelle il ajoute la mention d'une différence spécifique : « *animal à l'hypothétique[12] raison* », « *animal parlant* » ou encore, comme dans le constat ibrāhiymien « *animal adorant* ». Toutes ces appellations, donc, impliquent un minimum de la fonction cérébrale voire pour certains d'entre eux, des ébauches d'activité intellectuelle, de raisonnement, etc.

Aux yeux d'Ibrāhiym, par exemple, le fait pour l'idolâtre de ne pouvoir vivre qu'en adorant une statue en bois, en pierre ou en argile, loin d'abolir son animalité, la suppose, au contraire, et la ratifie dans la spécificité de ses besoins. En revanche, définir l'homme comme être sensible, raisonnable et intelligent vouant son existence à un Être Suprême, Allah, subvertirait complètement cette idée qu'ont les idolâtres de la divinité.

« *Ils dirent : « Brûlez-le ! Secourez vos Ālīhāh si vous voulez faire quelque chose [pour elles] »* » *(Coran, 21-68)*

L'unique opération que les idolâtres ont pu mettre en place afin de venir au secours de leur *Ālīhāh* [*divinités*]

---

[12] *Hypothétique.* Incertain, douteux. Fondé sur une hypothèse, supposition d'une chose possible ou non, d'où l'on peut déduire les conséquences.

dont ce *renégat*[13] d'Ibrāhiym s'est conduit, à leur encontre, d'une manière insolente et éhontée est de le livrer aux flammes[14].

Il est nécessaire d'apaiser leurs dieux. Aussi, la sanction radicale devrait-elle, pour autant qu'elle soit exemplaire au cas où d'autres illuminés viennent à apparaître. En précipitant Ibrāhiym dans un bûcher allumé, les idolâtres cherchent à procurer réparation des offenses commises par l'un des leurs [Ibrāhiym] qui s'est malheureusement égaré.

« Nous dîmes : « yā Nāroū, Koūwnī bārdān wā sālāmān hālā Ibrāhiym [Ô feu sois pour Ibrāhiym une fraîcheur salutaire] » » (Coran, 21-69)

« Ils voulaient ruser contre lui, mais ce sont eux que Nous rendîmes les plus grands perdants » (Coran, 21-70)

Allah intervient afin de sauver Ibrāhiym par un *prodige*[15]. Tout comme les idolâtres, il est très difficile aux communs des mortels de rationaliser ou *scientifiser*[16] ce phénomène extraordinaire d'origine surnaturelle [qui défie les lois de la nature] et qui ne peut se laisser

---

[13] *Renégat*. Personne [ici Ibrāhiym] qui renie sa religion [ici l'idolâtrie].
[14] *« Ils dirent : « Qu'on lui construise un four et qu'on le lance dans la fournaise ! » » (Coran, 37-97)*
[15] *« Son peuple ne fit d'autre réponse que : «Tuez-le ou brûlez-le ». Mais Allah le sauva du feu. C'est bien là des signes pour des gens qui croient » (Coran, 29-24)*
[16] *Scientifiser*. Relatif à la science. Conforme aux procédés rigoureux et aux méthodes précises de la science.

appréhender qu'à partir de la foi en Allah. Celle qui accompagne la raison à travers la connaissance du *Ghaīyb* [*Raīyb - Invisible*], une science essentiellement d'ordre divine.

La formule « ...« *yā Nāroū, Koūwnī bārdān wā sālāmān hālā Ibrāhiym* [*Ô feu sois pour Ibrāhiym une fraîcheur salutaire*] » s'inscrit dans une démarche strictement *omnipotente*[17] d'Allah, celle de *Koūn Fāyākoūn* » [« « *Sois !* » ; *et elle est aussitôt* »].

Observation

- Le feu

Le *feu* est un concept aussi difficile que celui de phénomène de la *combustion*, dont il ne suffit pas de déclarer que c'est une chose bien connue de tout le monde. Mais essayer de préciser cette notion en cherchant une autre propriété caractéristique permettant de l'appréhender, dans l'état actuelle de la connaissance scientifique et selon une mesure quantitative et qualitative.

Le verset « ... « *yā Nāroū, Koūwnī bārdān wā sālāmān hālā Ibrāhiym* [*Ô feu sois pour Ibrāhiym une fraîcheur salutaire*] nous renseigne sur une notion qui paraît incompréhensible, voire impossible scientifiquement.

---

[17] *Omnipotente*. Relatif à l'*omnipotence* [ou *omnipuissance*] qui désigne la puissance absolue.

Par définition le *feu* est : « *un dégagement simultané de chaleur et de lumière dû à la combustion de certains corps* [ici un bûcher] ».

En analysant ce verset, la problématique qui vient à l'esprit et qui se pose de manière insoluble est comment la combustion d'un corps [par exemple le bois] peut-elle être une *fraîcheur* [*bārdān*]. La caractéristique principale du mot *fraîcheur* est justement le contraire de *chaleur* qui définit à juste titre le *feu*.

De ce fait, un feu qui dégage de la fraîcheur ou du froid, dans l'état actuel de la science est un non-sens !

Ainsi, la *fraîcheur* est « *un froid doux et modéré causant une sensation agréable* » et le *froid* se caractérise par « *ce qui est à basse température, qui est sans chaleur vitale, qui donne la sensation d'être à basse température* ».

Existe-t-il une autre notion inhérente au phénomène du feu [et liée à la combustion] que la Science ignore jusque-là et qui permet d'avancer la théorie selon laquelle le feu se définit aussi par « *le dégagement simultané sous certaines conditions […] de froid et de lumière dû à la combustion froide de certains corps* » *?*

La sensation de fraîcheur [ou de froid] semble adéquate et précise pour permettre une détermination du sens de ce verset qui révèle une autre propriété du feu jusque-là ignorée : la « *Combustion froide* » !

La *Combustion froide* recouvre un phénomène inconnu ! La définition même du terme répond à un sens très général. Elle englobe la combustion froide vive et certaines combustions froides lentes. La combustion froide dans un grand nombre de réactions chimiques et biochimiques met en jeu certaines propriétés de gaz.

La signification de la *Combustion froide* est d'ailleurs considérablement imprécise car inconnue encore ! L'ébauche de l'étude sur la *Combustion froide* est annoncée par le verset *21-69* et qui demande des travaux de recherches physicochimiques afin de montrer la justesse de cette *Théorie de la Combustion froide*[18].

Quoi qu'il en soit, la science doit arriver à une définition à la fois très générale et très fondamentale relative à la notion de « Combustion froide » !

10 - Ibrāhiym désavoue les idolâtres

« Je [Ibrāhiym] me sépare de vous, ainsi que de ce que vous invoquez, en dehors d'Allah et j'invoquerai mon Seigneur. J'espère ne pas être malheureux dans mon appel à mon Seigneur » » (Coran, 19-48)

« En effet, Nous avons mis auparavant Ibrāhiym sur le droit chemin. Et Nous en avions bonne connaissance » (Coran, 21-51)

---

[18] NAS E. BOUTAMMINA, « La *Bardandynamie - Principes généraux de la Combustion Froide* ». Collection *Sciences & Découvertes*. Ouvrage à paraître !

Ibrāhiym exprime le refus d'être assimilé aux idolâtres et de leur condition de *Zhālimīyn* [*polythéistes et injustes*]. Son désir ultime est de rejoindre en cette vie même un absolu [Allah] soustrait aux vicissitudes de l'existence entourée par l'ignorance [« *Je* [*Ibrāhiym*] *me sépare de vous, ainsi que de ce que vous invoquez, en dehors d'Allah....* »].

Héroïque dans son essence même, volontiers habité par une énergie spirituelle démesurée, le destin ordinaire d'Ibrāhiym est de déboucher sur une certaine forme d'insatisfaction, sinon d'échec face à l'incompréhension et à l'insensibilité de ses concitoyens.

Aussi, Ibrāhiym a-t-il été jugé avec sévérité car il incarne toutes les véritables valeurs morales et religieuses qui se sont affadies et se sont corrompues. Face à cet extrême dénuement spirituel de cet auditoire incrédule, les significations dont il est porteur paraissent plus dangereuses que jamais à l'ordre établi par la *Tradition des Ancêtres*. Après avoir fortement rejeté l'institution idolâtre, Ibrāhiym recherche refuge auprès d'Allah lors de ses invocations [« ... *j'invoquerai* [*sollicitation, prière*] *mon Seigneur. J'espère ne pas être malheureux dans mon appel à mon Seigneur* » »].

Effectivement, dans les périodes précédentes, bien avant ses péripéties liées aux déclarations de ses convictions religieuses, Allah l'a mis sur la bonne voie et Il lui a suggéré les bons choix.

« Et [rappelle] lorsqu'Ibrāhiym dit à son père et à son communauté : « Je désavoue totalement ce que vous adorez, » (Coran, 43-26)

« à l'exception de Celui qui m'a créé, car c'est Lui en vérité qui me guidera » » (Coran, 43-27)

Si Ibrāhiym imposa sa déconsidération de l'usage des statues et de la *Tradition des Ancêtres* [*idolâtrie*], sa leçon eut valeur inaugurale et immuable : encore faut-il l'entendre dans son principe. Désormais, Ibrāhiym ne prête aucune attention aux actes des idolâtres car déconsidérant tout simplement leur croyance [« …« *Je désavoue totalement ce que vous adorez,* »].

« Et il en fit une parole qui devait se perpétuer parmi sa descendance. Peut-être reviendront-ils ? » (Coran, 43-28)

Or sa logique illocutoire a pour tâche principale de perpétuer des idées dont la portée contribuera à déterminer parmi sa descendance un succès certain ; et pareillement un contraste entre celle-ci et les égarés qui le persécutent [idolâtres].

II - Prodiges d'Allah

« Et [rappelle] quand Ibrāhiym dit : « Ô mon Seigneur ! Montre-moi comment Tu ressuscites les morts ». Il [Allah] dit : « Ne crois-tu pas encore ? » « Si [je crois bien] ! dit Ibrāhiym ; mais c'est pour que mon cœur soit rassuré ». « Prends donc, dit Allah, quatre oiseaux, apprivoise-les [et coupe-les en petits morceaux] puis, sur des monts séparés, mets-en un fragment ensuite appelle-les : ils viendront à toi en toute hâte. Et sache qu'Allah est Puissant et Sage » » (Coran, 2-260)

Avec le souci de la certitude absolue, on peut s'attendre à voir entrer en jeu la notion de prodige. La question est posée par Ibrāhiym. Et puis elle prend forme lentement, transformant l'idée de la révélation. En effet, le discours pragmatique, dont Ibrāhiym détermine peu à peu les contours est essentiellement interlocutif et n'est pas encore totalement prémuni à l'encontre du doute.

Celui-ci, qu'il s'agisse de ses implications sur l'analyse de la révélation ou de ses présuppositions personnelles. La requête d'Ibrāhiym auprès d'Allah [« …« *Ô mon Seigneur ! Montre-moi comment Tu ressuscites les morts* »… »] lui semble à la hauteur de son attente. La réponse renforcée exprimée spontanément par Allah accentue le sentiment d'ambiguïté qui tenaille Ibrāhiym [«…« *Ne crois-tu pas encore ?* »… »]. Finalement, un privilège immense lui est accordé en signe d'acceptation.

Il ne faut pas perdre de vue le fait que la conséquence de la résolution magistrale du problème soulevé par Ibrāhiym [« ...« *Ô mon Seigneur ! Montre-moi comment Tu ressuscites les morts* »...] sous forme d'un prodige [«...« *Prends donc, dit Allah, quatre oiseaux, apprivoise-les* [*et coupe-les en petits morceaux*] *puis, sur des monts séparés, mets-en un fragment ensuite appelle-les : ils viendront à toi en toute hâte...* »] est celle de l'engagement solennel dans une certitude pleine et entière d'Ibrāhiym dans le fonctionnement du discours divin.

La valeur donnée à la croyance d'Ibrāhiym autant que l'aspect par lequel elle est exprimée répond à des signes qui pénètrent au cœur de sa pensée et deviennent partie intégrante de lui-même. En honorant la dimension pragmatique d'Ibrāhiym, Allah n'assure pas seulement la conformité formelle de Sa Révélation, mais encore la communicabilité de Son action [prodige, volonté] à Sa créature Ibrāhiym. Le devenir du phénomène surnaturel [prodige] tel que la *ressuscitation des morts* se dessine sur le pragmatisme ibrāhiymien. Sauf à se disperser dans la constitution d'une vague intellectuelle, les retombées se concentrent sur la construction définitive de sa personnalité [morale, spirituelle].

« *Nous dîmes : « Ô feu, sois pour Ibrāhiym une fraîcheur salutaire* » » *(Coran, 21-69)*[19]

---

[19] Se conférer au chapitre « *Ibrāhiym est jeté dans le feu* »

III - Malāyka arrivent chez Ibrāhiym

A - *Malāyka entrent chez Ibrāhiym*

« *Et informe-les au sujet des hôtes d'Ibrāhiym [Malāyka],* » *(Coran, 15-51)*

« *T'est-il parvenu le récit des visiteurs honorables d'Ibrāhiym [Malāyka] ?* » *(Coran, 51-24)*

Avec le récit de la rencontre d'Ibrāhiym avec les mystérieux visiteurs, les séquences du *Ghaïyb* [*Invisible*] prennent sens par rapport à leurs référents : le monde des *Malāyka*[20] et des états des choses surnaturelles.

Le souci qu'à Ibrāhiym de leur référence extra-sensorielle les situe dans une approche immanente. Cette notion référentielle, très complexe, s'intègre dans certains aspects de la connaissance du *Ghaïyb*.

« *Quand ils entrèrent chez lui et dirent :* « *Salām [paix] !* », *il [leur] dit :* « *Salām [paix], visiteurs inconnus* » » *(Coran, 51-25)*

« *quand ils entrèrent chez lui et dirent :* « *Salām [paix] !* » - *Il [Ibrāhiym] dit :* « *Nous avons peur de vous* » » *(Coran, 15-52)*

---

[20] NAS E. BOUTAMMINA, « Le Malāk, entité de l'Invisible », Edit. BoD, Paris [France], mai 2015.

« Et Nos Roûçoûloûnā [Nos émissaires - Malāyka -] sont certes venus à Ibrāhiym avec la bonne nouvelle, en disant : « Salām [paix] ! ». Il dit : « Salām [paix] ! » ...» (Coran, 11-69)

Les Malāyka envoyés par Allah parviennent à la demeure d'Ibrāhiym qui les accueille chez lui. Ces étranges hôtes prennent contact avec lui en lui présentant leur marque de respect qui dégage la douceur, la quiétude [« ... *Quand ils [Malāyka] entrèrent chez lui et dirent : « Salām [paix] ! »*.

Leur salutation est accueillie par Ibrāhiym de la façon la plus avenante mais non sans un grand trouble causé par la crainte [«... *Il [Ibrāhiym] dit : « Nous [Ibrāhiym et sa femme] avons peur de vous* »]. En effet, la présence de ces individus qui n'appartiennent à aucune famille ou relation connue d'Ibrāhiym a de quoi susciter de l'inquiétude.

B - *Malāyka refusent de manger*

Les Malāyka constituent l'un des axes et des circuits de communication entre Allah et les humains. Par ailleurs, les Malāyka ont d'autres fonctions[21] dont l'action d'influence se manifeste à travers l'Autorité d'Allah.

Jusqu'à leur apparition sous *forme humaine*, l'importance du monde des Malāyka est inconnue dans la pensée ibrāhiymienne. La connaissance de leur univers est complexe et la moindre de leur caractéristique demeure

---

[21] *Ibidem.*

naturellement mystérieuse. Ibrāhiym va en faire l'expérience avec ses hôtes ô combien étranges !

« Puis il alla discrètement auprès de sa famille et apporta un veau gras » (Coran, 51-26)

« … et il [Ibrāhiym] ne tarda pas à apporter un veau rôti » (Coran, 11-69)

D'une manière discrète Ibrāhiym s'absente un bref instant pendant que ses invités s'installent autour d'un plateau. Il se rend auprès de sa femme et apparaît aussitôt chargé d'un rôti qu'il dépose devant ses convives.

« Ensuite il l'approcha d'eux…[Malāyka] « Ne mangez-vous pas ? » dit-il » (Coran, 51-27)

Ibrāhiym remarque que ses hôtes ne touchent pas à la pièce de viande qu'il leur approche encore plus près d'eux. Ce geste, certes encourageant, n'a pas l'air de les enthousiasmer. Ibrāhiym met de l'ardeur afin de provoquer leur appétit [«…*« Ne mangez-vous pas ? » dit-il* »].

« Puis, lorsqu'il vit que leurs mains ne l'approchaient pas, il fut pris de suspicion à leur égard et ressentit de la peur vis-à-vis d'eux. … » » (Coran, 11-70)

« Il ressentit alors de la peur vis-à-vis d'eux. Ils dirent : « N'aie pas peur ». …» (Coran, 51-28)

« Ils dirent : « N'aie pas peur ! … » » (Coran, 15-53)

Observation

- L'hospitalité

Dans la société d'Ibrāhiym, et par extension dans bon nombre de sociétés humaines, le fait d'accueillir quelqu'un chez soi se définit par cet espace familier qu'est la prise de repas. Cette manière dans laquelle s'inscrivent toutes les conditions de l'hospitalité telles que la confiance, la sécurité, la bienveillance, etc.

La prise d'un repas construit un niveau de réalité sociale, un système de relation qui s'inscrit dans la découverte de l'autre, l'invité, sur des rapports dont l'intensité les unis. Il apparaît que le refus de s'alimenter lors d'une invitation, alors même que le repas est servi est un signe de provocation, voire d'hostilité. Dans ce contexte où les hôtes d'Ibrāhiym refusent la nourriture, celui-ci les soupçonne de mauvaises intentions et, naturellement, voit dans ce comportement des réactions suscitant des sentiments agressifs à son égard. Ibrāhiym, à juste titre, est empli d'une grande crainte.

Les Malāyka sentent très vite l'appréhension d'Ibrāhiym à leur égard et n'ignorent pas la crainte qu'ils lui inspirent. Ils comprennent ce sentiment d'insécurité qui le met mal à l'aise.

C'est pourquoi, ils le rassurent et petit à petit, l'inquiétude disparaît et Ibrāhiym reprend confiance [« *Ils dirent : « N'aie pas peur !... »* »].

Les Malāyka sont des entités *noūriques*[22] dont l'existence est *hors terrestre*. Ce sont des êtres qui sont constituées à partir du *Noūr*, une sorte de « *lumière* » mais qui n'a rien de commun ni avec la lumière solaire ni avec celle stellaire. Par conséquent, ce sont des créatures qui ne vivent pas sur terre et donc ne se nourrissent pas d'aliments d'origine terrestre [animal, végétal ou minéral].

C - *Malāyka annoncent une bonne nouvelle à Ibrāhiym*

« ... *Et ils* [*Malāyka*] *lui annoncèrent* [*la naissance d'*] *un garçon plein de savoir* [*Içhāq*] » *(Coran, 51-28)*

« ... *Nous* [*Malāyka*] *t'annonçons une bonne nouvelle,* [*la naissance*] *d'un garçon plein de savoir* [*Içhāq*] » » *(Coran, 15-53)*

Les Malāyka font savoir à Ibrāhiym que parallèlement à leur objectif essentiel dont ils sont mandatés, ils se présentent à lui, entre autre, afin de l'informer d'une heureuse nouvelle. En effet, il s'agit de la naissance d'un enfant [« ... *un garçon plein de savoir...* »].

« *Il dit :* « *M'annoncez-vous* [*cette nouvelle*] *alors que la vieillesse m'a touché ? Que m'annoncez-vous donc ?* » » *(Coran, 15-54)*

L'annonce d'un tel événement inattendu [naissance d'un garçon] provoque chez Ibrāhiym une forte surprise.

---

[22] *Ibid.*

L'interrogation d'Ibrāhiym est à la hauteur de cet événement surprenant qu'on lui communique [«...« *M'annoncez-vous [cette nouvelle] alors que la vieillesse m'a touché ?...* »].

La venue au monde d'un enfant dépend de la capacité d'engendrer. Autour de ce moment extrêmement important Ibrāhiym s'interroge de la possibilité d'une telle entreprise de procréation.

Cette idée fait l'objet, de la part d'Ibrāhiym, d'une chose qui ne peut être appréhendée que de manière invraisemblable [« ... *Que m'annoncez-vous donc ?*»]. Afin d'étayer son raisonnement, Ibrāhiym évoque seulement les limites de son aptitude biologique, notamment son âge avancé [« ... *la vieillesse m'a touché...* »].

« - Ils dirent : « *Nous t'annonçons la vérité. Ne sois donc pas de ceux qui désespèrent* » » *(Coran, 15-55)*

« « - Il dit : « *Et qui désespère de la miséricorde de son Seigneur, sinon les égarés ?* » » *(Coran, 15-56)*

Les Malāyka informent Ibrāhiym que les modalités de la naissance, ne peuvent pas seulement être envisagées que du point de vue des lois naturelles qui gouvernent les géniteurs [âge, état physiologique, conditions biologiques, etc.]. Parfois, elles ne peuvent être comprises indépendamment des conceptions divines, notamment si Allah en décide autrement. Justement, Ibrāhiym fait partie de ces gens qui n'ont pas perdu espoir en les bienfaits d'Allah. Ibrāhiym en témoigne de manière sereine [« ...« *Et qui désespère de la miséricorde de son Seigneur, sinon les égarés ?* » »]

« *Alors sa femme s'avança en criant, se frappa le visage et dit : « Une vieille femme stérile...* » » (Coran, 51-29)

« *Sa femme était debout et elle se mit alors à rire ; Nous lui annonçâmes donc [la naissance de] Içhāq et après Içhāq, Yāhqoūwb* » (Coran, 11-71)

« *Elle dit : « Malheur à moi ! Vais-je enfanter alors que je suis veille et que mon mari que voici est un vieillard ? C'est là vraiment une chose étrange !* » » (Coran, 11-72)

La femme d'Ibrāhiym qui suivait toute la scène et n'avait pas perdu un seul mot de la conversation s'avance vers le groupe. Elle est éprise d'une vive excitation, un accès de crise, qui déborde dans son allocution [« ...*en criant...* », « ...*elle se mit alors à rire...* »] et dans sa gestuelle [« ... *se frappa le visage...* »].

Elle finit par modérer l'ardeur de son attitude et revenir à une réalité. Celle de sa situation considérée comme étant marquée par l'impossibilité d'un quelconque enfantement. Elle argumente en mettant en avant les causes de son infécondité et le déficit de la reproduction biologique de son mari [Ibrāhiym].

L'argumentation de la femme d'Ibrāhiym concernant une telle conception de l'engendrement découle d'une implication très concrète et très simple de la procréation puisque, sa vie durant, elle n'a put enfanter. D'où son attitude emprunt d'un réel scepticisme à l'écoute des propos des Malāyka.

« Ils dirent : «T'étonnes-tu de l'ordre d'Allah ? Que la miséricorde d'Allah et Ses bénédictions soient sur vous, gens de cette maison ! Il [Allah] est vraiment digne de louanges et de glorification ! » » (Coran, 11-73)

« Ils dirent : « Ainsi a dit ton Seigneur. C'est Lui vraiment le Sage, l'Omniscient » » (Coran, 51-30)

La femme d'Ibrāhiym, peu convaincue par l'annonce de la naissance d'un garçon, attise la curiosité des Malāyka qui trouvent surprenant sa réaction d'où leur interrogation à son égard [« ...*«T'étonnes-tu de l'ordre d'Allah ? ...* »]. Évènement majeur de la vie familiale d'Ibrāhiym, l'annonce de la venue au monde d'un garçon est l'occasion privilégiée où s'exprime la volonté d'Allah dans Ses rapports qu'Il a avec Ses créatures [« ....« *Ainsi a dit ton Seigneur [Allah]*... »].

D - La mission des Malāyka

« « Et il [leur] dit : « Que voulez-vous, ā-yoūhā al-Moūrçāloūwn [ô envoyés d'Allah] ? » » (Coran, 15-57)

« Alors [Ibrāhiym] dit : « Quelle est donc votre mission, Ô envoyés ? » » (Coran, 51-31)

Les présentations et l'annonce de certaines bonnes nouvelles [naissance *d'un garçon plein de savoir*] étant faites, Ibrāhiym les interroge sur le but principal de leur présence dans la région. Les Malāyka lui révèlent qu'une mission dont la responsabilité leur a été confiée par Allah concerne la communauté de Loūwt. Les Malāyka sont envoyés pour une destination précise [*la cité de Loūwt*] et pour une mission particulière l'anéantissement de la communauté de *Loūwt* dont les crimes pernicieux et insensés ont dépassé toute mesure.

« - *Ils dirent* : « *En vérité, nous sommes envoyés à des gens Moūjrīmīyn* [*criminels, polythéistes, pécheurs, coupables*] [*la communauté de Loūwt*] [*pour les détruire*], » (*Coran, 15-58*)

L'âpre vérité est que la communauté de Loūwt plongée dans la *décadence des mœurs* [*homosexualité*] et le *désordre moral* n'a aucune prise de conscience de ses agissements et n'a aucun moyen d'échapper au déterminisme absolu d'Allah. Ainsi, c'est le châtiment qui est réservé aux *Moūjrīmīyn* [*criminels, polythéistes, pécheurs, coupables*].

« ... *nous sommes envoyés à la communauté de Loūwt* » » (*Coran, 11-70*)

« ... *voilà qu'il discuta avec Nous* [*en faveur*] *de la communauté de Loūwt* » » (*Coran, 11-74*)

« *Et quand Nos Malāyka apportèrent à Ibrāhiym la bonne annonce, ils dirent* : « *Nous allons anéantir les habitants de cette cité* [*la cité de Loūwt*] *car ses habitants sont Zhālimīyn* [*polythéistes et injustes*] » » (*Coran, 29-31*)

Ibrāhiym de nature magnanime intervient en faveur de la cité de *Loūwt*, non seulement parce qu'il s'inquiétait pour la sécurité de ce dernier, mais aussi parce qu'il est triste pour le sort funeste qui est réservé aux habitants. Le programme des Malāyka apparaît d'emblée sans équivoque et Ibrāhiym n'ignore pas que lorsqu'Allah les expédie en mission, en l'occurrence de force comme celle-ci, leur tâche sera réalisée d'une manière rapide et impitoyable. En effet, qui pourra résister à une telle puissance cosmique ?

« Il dit : « Mais Loūwt s'y trouve ! » Ils dirent : « Nous savons parfaitement qui y habite : nous le sauverons certainement, lui et sa famille, excepté sa femme qui sera parmi ceux qui périront » » (Coran, 29-32)

« Ils dirent : « Nous avons été envoyés vers des gens Moūjrīmīyn [criminels, polythéistes, pécheurs, coupables] [la communauté de Loūwt], » (Coran, 51-32)

« ... voilà qu'il [Ibrāhiym] discuta avec Nous [en faveur] de la communauté de Loūwt » » (Coran, 11-74)

« Ibrāhiym était, certes, longanime, très implorant et repentant » (Coran, 11-75)

La requête que leur fait Ibrāhiym n'est pas de leur ressort, les Malāyka sont des entités intelligentes, certes, mais dont leur libre-arbitre n'est pas inhérent à leur nature. Ils ne peuvent désobéir à un ordre donné par Allah qui est le Seul apte à décider ou non de la rectification de leur mission à laquelle ils ont été dépêchés.

Quoi qu'il en soit, cette option plaidée par Ibrāhiym n'avait aucune chance d'aboutir et est d'ores et déjà une notion tout simplement à rejeter.

« Ô Ibrāhiym, renonce à cela ; car l'ordre de Ton Seigneur est déjà venu et un châtiment irrévocable va leur arriver » » *(Coran, 11-76)*

IV - Ibrāhiym s'installe à Mākkāh [La Mecque]

« *Et Nous le [Ibrāhiym] sauvâmes, ainsi que Loūwt, vers une terre que Nous avions bénie pour tout Hālamīyn [Univers, Humain, Jinn et tout ce qui existe autre qu'Allah]* » *(Coran, 21-71)*

Allah extrait Ibrāhiym de la mauvaise situation où il se trouvait, c'est à dire des griffes d'une population agressive. Ainsi, Allah le sauve d'une mort certaine, en le faisant sortir de l'endroit dangereux où il se trouve.

Il le guide vers une région beaucoup plus hospitalière [« *... vers une terre que Nous avions bénie pour tout Hālamīyn...* »]. Un havre de paix où il pourra trouver la tranquillité d'esprit et le bien-être spirituel salutaire pour lui et pour sa famille. Il s'agit de *Mākkāh* [La Mecque].

A - *Ibrāhiym reconstruit la Kaba*

« *Certes, īnā āwāla Bāytīn [la première Maison] qui a été édifiée pour lī al-nāçi [les humains], c'est bien celle de Bākkāh [Kaba à la Mecque]...* » *(Coran, 3-96)*

Observation

- La Mecque

Avant l'avènement de l'Islam, et aussi loin que l'on remonte dans le passé[23] la Mecque [*Mākkāh*] est une cité commerçante. Bien que son existence remonte à l'aube de l'Humanité, ce n'est qu'au VIIe siècle qu'elle commence à jouer un rôle dans l'histoire mondiale [*avènement de l'Islam*].

La ville établie au nœud des voies commerciales qui relient la Syrie et la Palestine au golfe Arabique, au Yémen et à l'Abyssinie, c'est par elle que doivent transiter les produits de luxe venus du Sud [épices, ivoire, pierres précieuses, essences, etc.].

La Mecque était une île dans un océan de désert ou tout au moins de steppes, nourrissant encore d'étroits rapports économiques avec les nomades qui n'ont plus aucun rapport avec cette ville des dizaines de fois millénaires. Ainsi, la *Mecque* la première cité urbaine de l'Humanité[24] affirme les droits imprescriptibles des devoirs collectifs. Par suite de son isolat, la mentalité recluse de son autarcie, la cité mecquoise, loin d'être un État, n'est qu'un groupement de familles se réclamant d'un ancêtre commun. Ces dernières sont liées par des intérêts

---

[23] A l'heure actuelle, aucune recherche, ni aucune étude préhistorique, anthropologique, paléontologique ou archéologique n'a été effectuée dans cette région de la *Mecque*.
[24] NAS E. BOUTAMMINA, « L'Homme, qui est-il et d'où vient-il ? - Volume II », Edit. BoD, Paris [France], octobre 2010.

économiques qui imposent une certaine unité, gouvernées par un sénat délibératif et non exécutif. La ville vit du transit caravanier.

La Mecque est une place financière dont les habitants pratiquent des opérations financières[25] : crédit et spéculation. La politique de cette ville n'a qu'un but : préserver son monopole commercial et, pour cela, assurer la libre circulation des caravanes sur les pistes du désert, par la négociation ou par la force.

Allah affirme de façon certaine [« *certes…* »] que la première construction ou maison qui a été érigée par l'Homme [*Hādām*] pour sa descendance [« *… édifiée pour lī al-nāçi* [les *humains*]… »] est, sans l'ombre d'un doute, celle de la Kaba à *Bākkāh* [*la Mecque*].

Le substrat et la matière même de l'édifice, en dehors de son usage destiné à l'habitat, c'est aussi son espace sacral qui se fixe ainsi. La Kaba a une équivalence de sanctuaire. L'exercice du culte d'Allah [*Tāwhid*] s'établit pour une humanité naissante[26].

« *Et* [*rappelle*] *quand Ibrāhiym et* [*son fils*] *Ismāhiyl élevaient les fondations de la Maison* [*la Kaba à la Mecque*],

---

[25] Cette activité des finances perdure jusqu'à nos jours. Mākkāh est une plaque tournante du « *business-hājj* [*business-pèlerinage*] dont les retombées financières sont tout simplement colossales [bien plus que ce que rapportent les hydrocarbures] !

[26] NAS E. BOUTAMMINA, « Expansion de l'Homme sur la Terre depuis son origine par mouvement ondulatoire - Volume IV », Edit. BoD, Paris [France], décembre 2010.

[*ils invoquèrent Allah en ces termes*] : « *Ô notre Seigneur, accepte* [*ce service*] *de notre part ! Tu es certes, l'Entendeur, l'Omniscient* » *(Coran, 2-127)*

Observation

- La Kaba

La *Kaba* [الكعبة] qui signifie *cube* [mot transcrit littéralement] est la première forme architecturale inspirée par Allah et crée par l'homme *Hādām*. Il s'agit d'une construction de configuration cubique [15 mètres de haut et de 10 et 12 mètres de côtés], située au centre de la *Mecque*.

La *Kaba* endommagée est laissée en ruine durant des dizaines de millénaires. Elle symbolise l'*Unité du genre humain* pratiquant le *Dīne d'Hādām* qu'est l'*Islam*, dont le culte est voué exclusivement à Allah, l'Unique. Ibrāhiym lui-même en est le fidèle continuateur.

La préoccupation d'Ibrāhiym est de réparer la Kaba et de rétablir ainsi « …*la Maison* [*al-Bāytī - la Kaba à la Mecque*]… ». Avec l'aide de son fils ainé Ismāhiyl. Ils se mettent à la tâche de reconstruire et de remettre dans le circuit de la vie spirituelle le lieu de culte originel.

La valeur accordée à la Kaba n'est pas nouvelle car elle a suscité de tout temps le souci de la perpétuation du *Dīne hādāmique* qui n'est, tout naturellement, rien d'autre que le *Dīne ibrāhiymique*.

C'est le contenu spirituel de l'expression « … *accepte [ce service] de notre part !* … » qui donne un sens à l'intervention d'Ibrāhiym et d'Ismāhiyl [« … *Ibrāhiym et [son fils] Ismāhiyl élevaient les fondations de la Maison [la Kaba à la Mecque]*… »]. La charge religieuse qui tend, par le symbolique d'un support, la *Kaba*, à restituer à leur vie consacrée à la dévotion d'Allah, une œuvre qui la représente et qui la consolide.

La reconstruction de la Kaba par Ibrāhiym et son fils Ismāhiyl sert à redonner du sens au *Tāwhid*, à améliorer sa compréhension dans la pratique du *Dīne* [*religion*]. Cela permet d'être attentif à l'état initial de la foi en Allah.

Restauration et conservation de la Kaba sont des opérations axées l'une sur la recherche du *Dīne originel* [celui de Hādām], l'autre sur la mise en valeur des matières rituelles originelles [*Çalāt* - « *Prière* » -, *Tawāf* - *circumambulation* -, etc.].

« *[Et rappelle] quand Nous indiquâmes pour Ibrāhiym le lieu de la Maison [la Kaba] [en lui disant]* : « *Ne M'associe rien ; et purifie Ma Maison [Bāytī] pour ceux [musulmans] qui tournent autour, pour ceux [musulmans] qui s'y tiennent debout et pour ceux [musulmans] qui s'y inclinent et s'y prosternent* » » *(Coran, 22-26)*

Dans ce verset, Allah donne de manière très succincte la modalité rituelle liée au sanctuaire de la Kaba [« ….*pour ceux [musulmans] qui tournent autour, pour ceux [musulmans] qui s'y tiennent debout et pour ceux [musulmans] qui s'y inclinent et s'y prosternent* »].

L'accomplissement, par exemple, des pratiques de circumambulation correspond à l'épreuve de l'espace. Cet effort ou cette épreuve, il faut la vivre corps et âme. C'est la réalité même du rituel [*Çalāt* et *Tawāf*] où espace et temps, ces données organiques de la quotidienneté, se trouvent singulièrement transmuées.

« Et [rappelle] quand nous fîmes de la Maison [la Kaba à la Mecque] un lieu de recours et de sécurité pour les gens - Adoptez donc le Maqām [lieu, endroit] d'Ibrāhiym [la pierre sur laquelle se tint Ibrāhiym - lors de la construction de la Sainte Kaba] pour lieu de prière [par exemple les deux Rakāt après le Tawāf autour de la Sainte Kaba]. Et Nous confiâmes à Ibrāhiym et à Ismāhiyl qu'ils doivent purifier Ma Maison [tāhirā bāytī - la Kaba] pour ceux qui tournent autour, y font Ihtikāf [retraite pieuse], s'y inclinent et s'y prosternent [au cours de la prière] » (Coran, 2-125)

L'aura de plusieurs dizaines de millénaires de ce rite dans le sanctuaire de la Kaba, attachée à la quête du sacral, demeure profondément imprégnant. Le transfert naturel du temps enfoui dans l'espace [Kaba] correspond à la solennité exceptionnelle de l'événement [rituel]. La présence dévote d'Ibrāhiym et d'Ismāhiyl sur ce lieu devient alors le signe le plus immédiat de sacralisation [« … *et purifie Ma Maison [Bāytī]*… »]. Ils pérennisent sur cet emplacement la marque existentielle de l'extraordinaire *présence divine*.

« Là [Kaba à Bākkāh - Mākkāh - la Mecque -] se trouvent des signes évidents, parmi lesquels Maqām [lieu,

endroit] [*où*] *Ibrāhiym s'est tenu debout ; et quiconque y entre est en sécurité.* ...» *(Coran, 3-97)*

En fonction du sanctuaire de la *Kaba à Bākkāh* [*Mākkāh - la Mecque* -] Ibrāhiym oriente sa vie et celle d'une partie de sa descendance [« ..., *j'ai* [*Ibrāhiym*] *établi une partie de ma descendance dans une vallée sans agriculture, près de Ta Maison sacrée* [*la Kaba*]... »].

Homme de foi, Ibrāhiym exprime pleinement sa conscience religieuse quand il applique le concept de sacré à ce lieu. Ainsi, la *Kaba* et *Bākkāh* [*la Mecque*] se rapportent au divin, au *Dīne Allah*.

Dès lors, la Kaba est digne du respect le plus haut car il lui a été conféré un caractère inviolable. En effet, ceci renforce son aspect d'endroit sûr où quiconque y séjourne est en sécurité [« ... *quiconque y entre* [*la Kaba à Mākkāh*] *est en sécurité.* ...»].

« *Et* [*rappelle*] *quand Ibrāhiym supplia :* « *Ô mon Seigneur, fais de cette cité* [*Mākkāh*] *un lieu de sécurité et fais attribution de fruits à ceux qui parmi ses habitants auront cru en Allah et au Jour dernier* » *; Il* [*Allah*] *répondit :* « *Et quiconque n'y aura pas cru, alors Je lui concéderai une courte jouissance puis Je le contraindrai au châtiment du Nār* [« *Feu* »]. *Et quelle mauvaise destination* » *!* » *(Coran, 2-126)*

« *Ô notre Seigneur, j'ai établi une partie de ma descendance dans une vallée sans agriculture, près de Ta Maison sacrée* [*la Kaba Mākkāh*], *- ô notre Seigneur - afin qu'ils accomplissent la Çalāt. Fais donc que se penchent vers* *eux les cœurs d'une partie des gens. Et nourris-les de fruits. Peut-être seront-ils reconnaissants !* » *(Coran, 14-37)*

A la requête d'Ibrāhiym qui sollicite la bienveillance d'Allah sur cette région au sol ingrat [*la Mecque*] et sur les habitants qui Lui assurent une croyance fervente [« ... *fais de cette cité* [*la Mecque*] *un lieu de sécurité et fais attribution de fruits à ceux qui parmi ses habitants auront cru en Allah et au Jour dernier* »] Allah y répond favorablement.

Cependant, Il avertit solennellement qu'aux incrédules ingrats, Il leur accorderait, certes, une jouissance temporaire mais qu'Il envisage également, *al-Yāwm al-Qiyāma* [« *le Jour du Jugement/Résurrection* »], de leur affliger les tourments du *Nār* [*Feu*].

V - Ibrāhiym Imam à suivre

« *Et [rappelle] quand le Seigneur [Allah] d'Ibrāhiym l'éprouva par [certaines] prescriptions et qu'il les eut accomplis ; Il [Allah] lui dit : « Je vais faire de toi un Imam [modèle, leader vertueux, celui qui dirige la Çalāt] [à suivre] pour les gens ». Ibrāhiym dit : « Et parmi ma descendance [fais aussi des modèles, des leaders, ceux qui dirigent la Çalāt] ». [Allah] répondit : « Mon engagement ne s'applique pas aux Zhālimīyn [polythéistes et injustes] » »* (Coran, 2-124)

Le Coran nous révèle dans ce verset la mise à l'épreuve d'Ibrāhiym par Allah qui voulait vérifier ses qualités, sa valeur, ses performances et son courage par certaines prescriptions qu'il réalisa scrupuleusement. Allah honore le caractère tenace d'Ibrāhiym qui ne renonce pas facilement à ses convictions religieuses, à ses idées et à ses entreprises.

Ibrāhiym est montré à titre d'exemple, ce à quoi les gens se réfèrent comme à ce qui exemplifie le *Dīne Allah* [religion d'Allah] et peut donc servir de modèle, c'est à dire d'*Imam* [vertu, savoir, abnégation, altruisme, patience, etc.]. En tant qu'Imam Ibrāhiym guide le comportement humain et lui sert de repère quant à la pratique religieuse correcte, celle qui est admise par Allah.

Ibrāhiym est l'archétype qui suggère l'idée de *pédagogie* et non un endoctrinement par un mimétisme traditionnel.

Le concept d'*Imam*[27] se fond sur la thèse que les actes ne se séparent jamais de l'exemple qui les suggère. En ce sens, Ibrāhiym se libère par le désintéressement.

Cette méthode est solidaire d'une éthique de l'*acceptation* et de l'action comme préalables pour connaître la foi. C'est l'acte qui fait surgir la forme reconnaissable du modèle. Ibrāhiym caractérise un ensemble de convictions enfuies dans l'inconscient de la communauté humaine mais qui ne demandent qu'à éclore par le modèle *ibrāhiymien*.

« Ibrāhiym ne demanda pardon en faveur de son père qu'à cause d'une promesse qu'il lui avait faite. Mais, dès qu'il lui apparut clairement qu'il était un ennemi d'Allah, il le désavoua. Ibrāhiym était certes plein de sollicitude et indulgent » (Coran, 9-114)

Une des qualités d'Ibrāhiym est celle où il reste fidèle à ses engagements [« *Ibrāhiym ne demanda pardon en faveur de son père qu'à cause d'une promesse qu'il lui avait faite….* »] tant que ceux-ci restent dans la limite permise par Allah.

Néanmoins, lorsqu'un acte ou une attitude n'est pas conforme à la vérité, à l'exactitude et qui de surcroit se heurte à ses convictions les plus profondes [« … *Mais, dès*

---

[27] Cette notion d'*Imam* n'a rien à voir avec le sens qui lui est donné actuellement. De nos jours, l'Imam est un *professionnel* de la Çalāt dans une mosquée et de certains offices [célébration de mariage, de cérémonie lors es funérailles, etc.].

qu'il lui apparut clairement qu'il était un ennemi d'Allah, il le désavoua... »], la seule alternative qui reste à Ibrāhiym est celle de désapprouver.

En effet, maintenir un engagement que l'on estime condamnable ou critiquable, c'est s'opposer aux directives divines et se déconsidérer au regard d'Allah. Toutefois, Ibrāhiym demeure un homme serviable, enclin à la sollicitude et à la bienveillance.

Le sens où l'attitude est la forme idéale sur laquelle l'existence humaine est réglée, à ce sujet Ibrāhiym est réalisation concrète au lieu d'être idée réalisable.

Ibrāhiym peut être considéré comme une matérialisation des énoncés spirituels dans un acte concret que l'intuition ou la pensée ont des facilités pour cerner.

Le modèle Ibrāhiym peut être aussi une transcription de la pensée logique d'une réalité concrète, empirique, dont l'étude directe ne donnerait que des relations approximatives.

La notion d'Ibrāhiym ne peut prendre toute son importance que lorsque la pensée commence à s'émanciper de la *Tradition des Ancêtres*, des *us et coutumes* pour suivre un mode de pensée et de raisonnement logique, scientifique dirons-nous.

VI - Dīne Ibrāhiym

« *Et qui donc se détournera du Dīne d'Ibrāhiym [Religion d'Ibrāhiym - le pur monothéisme de l'Islam], sinon celui qui est insensé ? En effet, très certainement Nous l'avons [Ibrāhiym] choisi en ce monde ; et dans l'au-delà, il sera certes du nombre des gens de bien* » (Coran, 2-130)

Le *Dīne d'Ibrāhiym* est un lien de piété, il exprime les relations que l'humanité entretient avec la divinité. Il bénéficie même des nuances et des variations de sens que nous obtenons en le signifiant par attache, rattachement ou lien affectif.

Ce verset indique que le Dīne d'Ibrāhiym se saisit par la pensée ou la réflexion, ce qui permet de redoubler d'attention.

Toutefois, celui qui se dirige vers un objet de pratique cultuelle autre que le Dīne d'Ibrāhiym est dans l'erreur car il agit contrairement au bon sens et par extension, il ne peut s'agir que de quelqu'un qui a perdu la raison.

En conséquence, Dīne d'Ibrāhiym est synonyme de scrupule, de soin méticuleux, de ferveur soucieuse de l'engagement pris. Dans ce sens, le mot convient éminemment à l'exercice du culte, à l'observance rituelle qui exige que la pratique soit intelligente, le zèle actif et vigilant. C'est pourquoi, Allah choisit Ibrāhiym pour symboliser ce Dīne [d'Ibrāhiym] qui équivaut à finesse de conscience, à recueillement intense, à circonspection craintive et minutieuse. On comprend que l'expression se soit fixée, presque exclusivement, sur l'expérience ou la réflexion du sacré. En signifiant l'attitude qu'elle requiert, Dīne d'Ibrāhiym est destiné à souligner les réalités objectives que cette disposition concerne.

De cette double étymologie, il est utile de rajouter qu'il n'est pas question d'isoler la *sacralité* de la *socialité* elle-même. C'est la constitution du social du Dīne d'Ibrāhiym qui est intrinsèquement religieuse.

En délimitant le sacré, le Dīne d'Ibrāhiym transcende en invoquant l'immanence. Certes, le Dīne d'Ibrāhiym est d'ordre privé, mais en même temps, de vie en commun, d'équilibre ou de régulation sociale ce qui est très significatif.

A - *Ibrāhiym musulman exemplaire*

« *Quand son Seigneur lui [Ibrāhiym] avait dit* : « *Áçlīm [Sois musulman - Soumets-toi -]* ! », *il dit* : « *Áçlāmtoū [Je me soumets - en musulman -] au Seigneur de Hālamīyn [hommes, Jinn et tout ce qui existe autre qu'Allah]* » *(Coran, 2-131)*

L'idée que le Dīne d'Ibrāhiym est affaire de conscience individuelle est soulignée dans ce verset. Au mode grammatical du verbe qui correspond à exprimer un ordre absolu : « *Áçlīm [Sois musulman - Soumets-toi -]* ! » .. », le *Nāfs* [« *Âme* »] d'Ibrāhiym lui suggère une réponse sans équivoque : «...*Ăçlămtoŭ* [*Je me soumets - en musulman -*] *au Seigneur de Hālamīyn...* »

S'il est vrai que l'intuition contenait, parmi des éléments incontestables, des éléments fondamentaux, à la fois fondés et fondateurs, le Dīne d'Ibrāhiym devient universel.

Il semble bien, en effet, que ni le fait du rite, c'est-à-dire du geste symbolique, ni le fait de croire, c'est-à-dire de proclamer des valeurs qui engagent au-delà des raisons qu'on en donne, ne doivent être conflictuels et donc éliminables.

Ibrāhiym s'instaure et persévère en s'exaltant dans le Dīne [*Dīne d'Ibrāhiym, Monothéisme de l'Islam*], qui se remémore, qui se commémore, et plus encore, Ibrāhiym se dépasse, en se soulevant au-dessus de lui-même.

Pour Ibrāhiym, il est donc improbable que la « nourriture » religieuse vienne à manquer, puisqu'elle est prise directement du dynamisme dévotionnel auprès d'Allah !

Cette estimation est celle de l'homme raisonnable, censé, qui voit dans le Dīne d'Ibrāhiym quelque chose de constant, d'immuable. Quelque chose qui est destiné à survivre à tous les symboles particuliers dans lesquels la société humaine s'est successivement enveloppée.

« Et cette [*soumission à Allah qui est l'Islam fut recommandée par*] *Ibrāhiym à ses fils, de même que Yāhqoūwb* [*en ces termes*] *: « Ô mes fils, certes Allah vous a*

choisi le [vrai] Dīne : ne mourrez point donc, autrement qu'en Moūçlīmoūwn [soumis à Allah - musulmans, purs monothéistes -] » (Coran, 2-132)

On peut suivre les étapes qui jalonnent la transmission du pur principe spirituel du *Dīne d'Ibrāhiym* à la descendance du Raçoūl Ibrāhiym et qui aboutit à sa justification. Le Dīne d'Ibrāhiym est exprimé et repris avec éclat par *Yāhqoūwb* qui l'évoque en termes de souffle de vie. Ainsi, les fonctions de la conscience et celles de l'esprit doivent se rattacher au Dīne d'Ibrāhiym. Celui-ci caractérise la personnalité humaine et doit s'exprimer tout au long de l'existence et ce, jusqu'à la mort.

C'est ce type de legs que *Yāhqoūwb fit à ses fils* : « ... *ne mourrez point donc, autrement qu'en Moūçlīmoūwn...* ». Dans l'expérience de la mort, le terme *Moūçlīmoūwn [Musulmans]* est donc conçu comme un sentiment soit de crainte soit d'affection qui unit l'individu au divin.

« *Ils [Hādoūw et Nāçāra] ont dit :* « *Soyez Hādoūw ou Nāçāra, vous serez donc sur la bonne voie* ». *Dis-[leur Ô Moūhammad]* : « *Non, mais nous suivons seulement Dīne d'Ibrāhiym [religion d'Ibrāhiym], le Hānīf [pur musulman monothéiste qui n'adorait qu'Allah Seul] et qui n'était point parmi al-Moūchrikīyn[ā] [les idolâtres, les polythéistes, les mécréants, les païens]* » *(Coran, 2-135)*

L'analyse du verset aboutit donc à ce résultat paradoxal que riche du même égarement religieux, chacun des locuteurs [ici les *Hādoūw* et *Nāçāra* à l'époque du Raçoūl Moūhammad] appelle à suivre chacun sa croyance [de préférence à une autre] qui est, en fait, aux antipodes du *Dīne d'Ibrāhiym*.

Ce texte nous montre clairement que depuis l'ère d'Ibrāhiym, rien ne s'est opéré dans le comportement religieux des peuples, et que rien n'a changé dans le concept du Dīne même chez les communautés qui se croient se prévaloir du *Dīne d'Ibrāhiym* [*Hādoūw* et *Nāçāra*].

On le voit : chez Ibrāhiym, cet unique principe spirituel qui porte l'appellation de *Dīne d'Ibrāhiym* est clairement dégagé, et la foi en Allah est tout à fait formulée. Un manque de discernement ne peut qu'empêcher de suivre dans le détail le *Dīne du Hānīf* [*Ibrāhiym*].

B - *Dīne d'Ibrāhiym réservoir spirituel des Roūçoūl*

« *Dites* [*Ô musulmans !*] *: « Nous croyons en Allah, à ce qu'on nous a révélé et à ce qu'on a fait descendre vers Ibrāhiym, Ismāhiyl, Içhāq, Yāhqoūwb et al-Sbāt* [*aux clans, tribus*] *; [nous croyons] à ce qui a été donné à Moūwça et à Hiyça, ainsi qu'à ce qui a été donné aux Nbīyā, venant de leur Seigneur : nous ne faisons aucune distinction entre eux. Et à Lui nous sommes Moūçlimoūwn* [*musulmans - soumis par l'Islam -*] *»* (*Coran, 2-136*)

On voit bien que le *Dīne d'Ibrāhiym* et sa fonction sont considérés ici comme réservoir spirituel aux Roūçoūl et aux Nbīyā qui le précèdent [*Ismāhiyl, Içhāq, Yāhqoūwb, Moūwça, Hiyça*].

La mise en pratique du Dīne d'Ibrāhiym qui est l'*Islam*, aboutit à devenir solidaire de l'univers, l'individu est partout chez lui et infiniment libre. À la recherche de sa situation religieuse, une partie de l'humanité du temps de ces Roūçoūl et Anbīyā est le plus souvent agnostique et sceptique.

Quant à l'autre partie, elle s'abandonne aux consolations du mysticisme astrologique et occulte. De toute façon, le déclin spirituel et moral s'efface pour le temps d'un Raçoūl ou d'un Nābi.

Les *Moūçlīmoūwn* [*Musulmans*] sont essentiellement des individus placés dans un monde considérablement agrandi par les *Envoyés divins* dont leur Message, toujours identique [*Tāwhid*] est conçu comme un ensemble de préceptes où des harmonies préétablies et des correspondances claires entre les parties du monde et la famille humaine. En référence à ce monde, chacun des membres de l'Humanité correspond aux différentes parties de l'univers des Roūçoūl et Anbīyā.

L'idée du *Dīne d'Ibrāhiym*, dans la *Loi d'Allah*, exprime le finalisme du système divin. Parallèlement le Dīne d'Ibrāhiym n'est qu'un mode de vie qui prépare à la *Rencontre Ultime* avec Allah lors de la *conflagration universelle*.

C'est pourquoi, les Roūçoūl et les Anbīyā s'efforcent, à chacune de leur venue, de persuader l'humanité de passer d'un état de *Moūchrikīyn*[*ā*] [*idolâtres, polythéistes, mécréants, païens*] dans un autre, celui de *Moūçlīmoūwn*

[*Musulmans -soumis à l'Islam* -] et d'analyser méthodiquement le bien fondé du Dīne d'Ibrāhiym.

En effet, ce dernier met l'accent sur un destin qui ne peut éviter *al-Yāwm al-Qiyāma* [« *le Jour du Jugement/Résurrection* »]. C'est l'apologie pure et simple de la *nature spirituelle* et de l'*immortalité* [*al-Yāwm al-Qiyāma*] du Dīne d'Ibrāhiym.

C - Digne de se réclamer d'Ibrāhiym

« *Certes les hommes les plus dignes de se réclamer d'Ibrāhiym, sont ceux qui l'ont suivi, ainsi que ce Nābi-ci* [*Moūhammad*] *et ceux qui ont cru* [*au Message de Moūhammad - les musulmans -*]. *Et Allah est le Wālīy* [*protecteur ou gardien*] *des al-Moūwmīnīyn* [*des croyants*] » *(Coran, 3-68)*

Ceux qui dans la tradition *ibrāhiymique* continuent à croire au *Dīne d'Ibrāhiym* donnent de la consistance à cette croyance. L'aveu est éloquent ! Allah explique que ceux qui sont les plus en mesure à mériter l'estime d'Ibrāhiym sont les *Moūçlīmoūwn* [*Musulmans*]. Ceux-là ont un comportement religieux et une attitude morale qui sont conformes à ceux d'Ibrāhiym.

Il n'en reste pas moins que le Dīne d'Ibrāhiym, en enseignant la soumission [obéissance] à Allah, et en l'expliquant par le rituel [*Zakāt* - « *taxe purificatrice légale* » -, *Çyam* - « *Jeûne* » -, *Çalāt* - « *Prière* » -, quête du Savoir, etc.] renforce du même coup la doctrine du *Tāwhid* et l'Omnipotence divine et qui fait qu'Allah se révèle être le *Wālīy* [*protecteur ou gardien*] des *Moūwmīnīyn*[28] [*croyants*].

« *Certes Ibrāhiym était une Oūmā*[*tān*][*un guide parfait ou une nation car il était le seul monothéiste luttant contre son peuple*]. *Il était lilāhī Hānīfān* [*Hanif - soumis - à Allah*], *voué exclusivement à Lui et il n'était point du nombre des Moūchrikīyn*[*ā*] [*les idolâtres, les polythéistes, les mécréants, les païens*] » *(Coran, 16-120)*

Ibrāhiym est crédité d'une grande intelligence, d'une sincérité sans faille, d'une ténacité remarquable ainsi que d'un sens très fin des situations qu'il sait être des épreuves d'Allah. Ses qualités humaines lui valent d'être considérées dans le Coran comme une *Oūmā*[*tān*][*un guide parfait ou une nation*].

Ibrāhiym fut souvent exigeant envers lui-même pour l'amour d'Allah, ne cherchant que Sa satisfaction. Symbole de la foi en l'unicité d'Allah, Ibrāhiym se place comme le champion du monothéisme et à juste raison, il est considéré comme *anti-Moūchrikīyn* [*idolâtres, polythéistes, mécréants, païens*] par excellence.

---

[28] *Moūwmīnīyn* [sing. *Moūwmīn*]. Cette expression qui signifie littéralement « *ceux qui ont al-Imān* [« *la foi sincère* »] et communément traduit par « *croyants* », se distingue de *Moūçlīm* [*Musulman*] qui n'est, en l'état actuel des choses, que pur formalité. Cela fait bien longtemps qu'être *Moūçlīm*, c'est faire partie tout simplement de la société de l'Islam [pratique des fondements islamiques]. Le *Moūwmīn* par sa *piété* [*crainte d'Allah comme si il Le voyait*, abnégation, altruisme, etc.] et sa *dévotion* se place à un degré supérieur sur l'échelle de la foi en Allah par rapport au *Moūçlīm*.

Ibrāhiym a suivi un processus caractérisé, à ses débuts, par une longue série d'expériences spirituelles et de révélations.

« Et luttez pour Allah avec tout l'effort qu'Il mérite. C'est Lui qui vous a élus ; et Il ne vous a imposé aucune gêne dans le Dīne, celui de votre père Ibrāhiym. C'est Lui [Allah] qui vous a déjà nommés « Moūçlimoūwn [Musulmans] » avant [ce Livre le Coran] et dans ce [Livre le Coran], afin que le Messager [Moūhammad] soit témoin contre vous, et que vous soyez vous-mêmes témoins contre les gens. Accomplissez donc la Çalāt, acquittez la Zakāt et attachez-vous fortement à Allah. C'est Lui votre Māwlā [Maître]. Quel Excellent Māwlā ! Et quel Excellent soutien ! » (Coran, 22-78)

Le *Dīne d'Ibrāhiym* est, au sens propre du terme, la croyance en un Dieu Unique et qui, en raison de sa cohérence dogmatique, de la logique de sa structure, n'a cessé de garder, tout au long de son histoire qui remonte à *Hādām*, son unité et sa physionomie propres. De surcroît, par son extension, mais surtout par son intention et ses ambitions initiales, le Dīne d'Ibrāhiym ou Islam reste la croyance universelle. La connaissance de celle-ci est à la fois des plus simples et des plus complètes, son exercice est aisé.

Ibrāhiym porte le nom de *Moūçlimoūwn [Musulmans]* et cette expression apparaît bien avant la révélation du Coran dont elle fait partie intégrante pour désigner les individus qui se soumettent à la Loi d'Allah. La doctrine du *Dīne d'Ibrāhiym [Islam]* se comprend bien qu'à condition de tenir compte du caractère et de la portée de ce qu'elle proclame, à savoir son accomplissement de la manière la plus intelligente.

La quête d'Allah à travers Dīne d'Ibrāhiym, l'Islam, doit être sincère et non parcellaire, ni voilée, ni détournée. Allah a fixé le contenu dont son expression est claire, immédiate, totale de la Vérité et comme Il le dit Lui-même : « ... *et Il [Allah] ne vous a imposé aucune gêne dans le Dīne, celui de votre père Ibrāhiym...* ».

Par là, outre qu'Allah inclut l'essentiel de Sa Loi [Tāwhid, rituel, dogme, etc.] dans le Dīne et en fournit la clef, le modèle Ibrāhiym à signification et valeur universelles. Sa foi dont il fait le fond, et qui a charge d'en assurer la conservation et la transmission, ne peut être, elle-même, qu'ibrāhiymique !

« *Certes, vous avez un bel exemple [à suivre] en Ibrāhiym et en ceux qui étaient avec lui, quand ils dirent à leur communauté : « Nous vous désavouons, vous et ce que vous adorez en dehors d'Allah. Nous vous renions. Entre vous et nous, l'inimitié et la haine sont à jamais déclarées jusqu'à ce que vous croyiez en Allah, Seul ». Exception faite de la parole d'Ibrāhiym [adressée] à son père : « J'implorerai certes, le pardon [d'Allah] en ta faveur bien que je ne puisse rien pour toi auprès d'Allah ». « Seigneur, c'est en Toi que nous mettons notre confiance et à Toi nous revenons [repentants]. Et vers Toi est le devenir* » (Coran, 60-4)

Ibrāhiym sait que la foi en Allah est destinée à supplanter toutes les autres croyances car ces dernières sont bâties sur du vide, sur le néant.

Cette conviction en Allah, Ibrāhiym juge-t-il capable, en vertu de son évidence et de sa certitude intrinsèques, de gagner à elle le monde entier, de finir par le conquérir et par en devenir l'unique religion. Parce qu'elle détient une vérité complète. Ibrāhiym est honoré de devenir le dépositaire de Sa Loi [Islam], la Vérité intégrale, sa dévotion ne doit, au contraire, connaître aucune limite à sa diffusion.

Universel en droit et en fait, *Dīne Allah* est ainsi voué, si l'on suit dès le départ l'exemplarité d'Ibrāhiym, à un idéal et un rappel à l'ordre divin. Prenant à cet égard, comme à bien d'autres, modèle sur Ibrāhiym qui a voulu avant tout être le serviteur du Dīne Allah. Le Raçoūl qui lance à travers le monde l'appel du retour à la Vérité, le cri de la raison, cette invitation à la Réalité et à la Libération du joug des faux dieux et des fausses croyances.

Les meilleurs de ses disciples sont ceux à qui leur *Nāfs* s'est ouvert au Dīne d'Ibrāhiym et ses enfants [*Ismāhiyl, Içhāq, Yāhqoūwb*] qui ont à cœur de le reprendre et de le répéter en tout lieu et en tout temps. Ce qu'il leur prescrit, c'est, en principe, de transmettre dans le monde, la doctrine et guider les hommes dans la Vérité.

La mission d'Ibrāhiym n'a pas manqué, autant qu'elle l'a pu, de multiplier et d'étendre sa désapprobation à l'encontre de toutes les doctrines et toutes les philosophies religieuses qui s'opposent en majeure partie avec la sienne : *Allah l'Unique Maître des Univers*. N'est-elle point parvenue à remplir le programme grandiose qui avait été ainsi tracé ?

L'engagement d'Ibrāhiym condamnant le « *Moūchrikīynisme* » [*idolâtrie, polythéisme, mécréance, paganisme*] n'en a pas moins été considérable durant tout le temps qu'il a vécu. Ibrāhiym est intransigeant dans l'exercice du *Dīne Allah* mais magnanime envers autrui, dont son père à qui il implore Allah Sa Miséricorde en n'ignorant pas, bien entendu, qu'Allah est Maître de toute décision et qu'Il fait ce qu'Il veut.

Toute créature [*Humain, Jinn*] *doit retourner auprès de Lui, c'est une certitude !*

VII - Ibrāhiym n'est ni Hādoūw ni Nāçāra

« *Ou dites-vous qu'Ibrāhiym, Ismāhiyl, Içhāq, Yāhqoūwb et al-Sbāt [clans, tribus] étaient Hādoūw ou Nāçāra ?* ». *Dis : « Est-ce vous les plus savants ou Allah ? »*. *Qui est plus injuste que celui qui cache un témoignage qu'il détient d'Allah [Raçoūl Moūhammad mentionné dans leurs livres] ? Et Allah n'est pas inattentif à ce que vous faites* » *(Coran, 2-140)*

Afin de couper court à tout débat ou controverse sur l'origine d'Ibrāhiym et de sa descendance [*Ismāhiyl, Içhāq, Yāhqoūwb* et *al-Sbāt* - clans, tribus -], Allah est catégorique. Ibrāhiym, Ismāhiyl, Içhāq, Yāhqoūwb et al-Sbāt ne sont ni *Hādoūw* ni *Nāçāra* !

Il est inutile de discourir sur le personnage d'Ibrāhiym [et sa descendance] et sur ses origines confessionnelles. Tout effort visant à s'approprier Ibrāhiym que ce soit de la part des *Hādoūw* ou des *Nāçāra* n'est qu'agitation verbale et agiotage.

« *Ô gens du Livre [Hādoūw et Nāçāra], pourquoi discutez-vous au sujet d'Ibrāhiym, alors que al-Tawrāt et al-Njīyl ne sont descendus qu'après lui ? Ne raisonnez-vous donc pas ?* » *(Coran, 3-65)*

« *Ibrāhiym n'était ni Yāhoūdī[nān] wā lā Nāçrānīyān [ni Yāhoūdī, ni Nāçāra]. Mais il était Hānīf [pur monothéiste qui n'adorait qu'Allah Seul] moūçlīm[ān]*

[*musulman - entièrement soumis à Allah -*]. *Et il n'était point du nombre des Moūchrikīyn* [*idolâtres, polythéistes, païens*] »
(Coran, 3-67)

Ibrāhiym, le *Hānīf,* le *Moūçlīm* [*Musulman*] comme le décrit le Coran est aux antipodes des doctrines que professent les *Hādoūw* et les *Nāçāra* à qui pourtant le Message de *al-Tawrāt* et de *al-Njīyl* leur était parvenu. Celui-ci citait pour exemple Ibrāhiym, sa foi en Allah et la sacralisation de Ses prescriptions.

Dès lors, comment envisager une quelconque relation avec *Dīne d'Ibrāhiym* et sa dévotion avec une espèce particulière de croyance, modifiée et gauchie dans un sens qui n'a plus rien de comparable avec celle d'Ibrāhiym et du personnage lui-même ?

Y a-t-il lieu de distinguer un Ibrāhiym dans les croyances des *Yāhoūdī*[*nān*], des *Hādoūw* et des *Nāçāra* ? La question ne se pose même pas. Une chose est sûre, Ibrāhiym est *Moūçlīm* [*Musulman*], il est soumis à Allah et il voue son existence à rechercher Son agrément.

Il est, d'ailleurs, assez malaisé de suivre à travers les discours des *controversistes* qui affirment être possesseur de l'héritage spirituel ibrāhiymique.

Il n'en reste pas moins qu'Allah les fustige en leur annonçant que la venue d'Ibrāhiym est bien antérieure à l'apparition d'*al-Tawrāt* et d'*al-Njīyl* si du moins ils ont la moindre corrélation ou une quelconque relation avec ces *Livres*.

Ceci démontre qu'en effet, l'objet [Ibrāhiym] de leur polémique n'ait exercé aucune influence sur leur doctrine qu'ils professent.

La filiation de l'une et de l'autre à Ibrāhiym paraît donc chimérique et le rattachement de chacune d'entre elles à l'authentique *Dīne d'Ibrāhiym* est loin de constituer une quelconque réalité !

Il n'en demeure pas moins que ce type de propos ne peut qu'être dénoncé et réfuté, car loin de s'approcher du charisme d'Ibrāhiym, les polémistes [Hādoūw et Nāçāra] s'en éloignent si fortement qu'Ibrāhiym leur est totalement étranger !

VIII - Descendance d'Ibrāhiym musulmane

« *Notre Seigneur ! Fais de nous des soumis à Toi et de notre descendance une communauté soumise à Toi. Et montre-nous nos Manâ-çik*[29] [*tous les rites du pèlerinage - Hājj et Oūmrā -*] *et accepte notre repentir ; car c'est Toi certes l'Accueillant au repentir, le Très Miséricordieux* » (Coran, 2-128)

Ibrāhiym prie Allah de lui accorder la faveur à lui et à sa descendance d'être parmi les *Moūçlimoūwn*

---

[29] Les *Manā-çik* comprennent tous les rites de l'*Oūmrā* et du *Hājj*. Il s'agit de l'*Ihrām* ou formulation de l'intention d'effectuer l'Oūmrā et/ou le Hājj à partir du *Mīqāt* [limite sacrée], du *Tawāf* ou parcours autour de la Kaba, du *Sāy* ou parcours entre les monts *Çafā* et *Mārwā*, de la *station* [se tenir debout] *à Arāfāh*, le *séjour à Mīnā*, le *jet de pierres* ou *Djāmārāt* et l'*immolation des sacrifices*.

Définition de l'Oūmrā. D'un point de vue étymologique, Oūmrā *signifie* visite. *D'un point de vue théologique, c'est à dire la définition conventionnelle et technique*, Oūmrā *désigne* « visiter la Maison Antique [*Kaba*] selon certaines conditions et suivant un rituel bien précis ». L'Oūmrā est conseillée une fois dans la vie à condition que les possibilités physiques, les moyens [financiers et matériels] et la sécurité des pèlerins y soient réunis.

Définition du Hājj. Etymologiquement, le Hājj signifie *visée*, c'est-à-dire se diriger vers un but précis. *Théologiquement*, et de manière commune, il veut dire *viser* la Maison Sacrée d'Allah à *Mākkāh*. En conséquence, le *Hājj* est un ensemble d'actes et de paroles bien précis qu'exécute un individu bien déterminé pendant une période bien précise et dans des lieux bien déterminés. Le verset suivant notifie bien l'aspect du Hājj.

[*Musulmans*]. La conviction d'Ibrāhiym d'être *Moūçlīm* [*Musulman*], c'est d'être revêtu, dans son être, par une croyance, des sentiments, des ambitions temporelles et eschatologiques, des réactions de dévotion.

C'est être dilué tout entier dans un système de valeurs et d'une histoire dans lesquels les comportements ne cessent de s'élever vers un idéal, celui de l'atteinte de l'agrément divin. C'est ainsi qu'Ibrāhiym conçoit la soumission à Allah et pour bien la renforcer, il Lui demande de lui révéler certains rituels [«... *Et montre-nous nos Manâ-çik* [*tous les rites du Hājj*] qu'il va appliquer avec ferveur lui et sa descendance[30].

Peut-être que l'accomplissement de ces rites, espère-t-il, vont leur [Ibrāhiym et sa descendance *Ismāhiyl, Içhāq, Yāhqoūwb, Moūhammad*] souscrire la rémission de leurs fautes [«... *accepte notre repentir...* »].

« *Notre Seigneur ! Envoie l'un des leurs* [*Moūhammad*] *comme messager parmi eux, pour leur réciter Tes versets, leur enseigner le Livre* [*le Coran*] *et la Hikmā* [*Sagesse*] *et les purifier. Tu es certes, le Puissant, le Sage !* » (*Coran*, 2-129)

---

[30] L'accomplissement du *Hājj* relève actuellement du défi physique et mental. En effet, vue l'état du comportement *animalier* des pèlerins qui s'affrontent lors de ce rituel. Où se trouve leur dévotion ? Une étude scientifique [sociologique et psychologique] devrait être réalisée sur le déroulement de ce rite, le comportement de ces populations et leurs motivations profondes quant à ce pèlerinage. A noter que par définition, le *pèlerinage* signifie : « *voyage de dévotion vers un lieu saint* ». Les résultats de cette étude seront sans aucun doute de nature effrayante. Ils auraient terrorisé Ibrāhiym lui-même !

Ibrāhiym quémande à Allah un souhait qu'il formule d'une manière rhétorique d'une grande beauté. Il souhaite pour la descendance [population de la Mecque] un Raçoūl issu de leur cité [« ... *Envoie l'un des leurs [Moūhammad] comme messager parmi eux ...* »] afin qu'il leur rappelle la *Loi d'Allah* [« ... *pour leur réciter Tes versets, ...* »], texte qu'il exprime à voix haute, qu'il leur fera acquérir la connaissance et la pratique du *Dīne* [« *Religion* »] à partir du *Livre le Coran* [« ... *leur enseigner le Livre [le Coran]...* »], de les instruire et de leur inculquer la *Hikmā* [« *...la Hikmā [Sagesse]...* »]. Ainsi de les rendre purs moralement et spirituellement [« .... *et les purifier...* »].

« *Louanges à Allah qui, en dépit de ma vieillesse [Ibrāhiym], m'a donné Ismāhiyl et Içhāq. Certes, mon Seigneur entend bien les invocations* » *(Coran, 14-39)*

Ibrāhiym témoigne de sa satisfaction envers Allah qui, malgré son âge avancé, lui a permis d'avoir plusieurs garçons dont le premier, l'aîné de la fratrie se nomme *Ismāhiyl*, puis le cadet *Içhāq* et enfin, le dernier *Yāhqoūwb*.

Le témoignage de ce sentiment d'estime se traduit par des actes de louanges envers Allah qui récompense ainsi les invocations de Ses créatures pieuses et patientes [« ....*Certes, mon Seigneur entend bien les invocations* »].

« *Puis, lorsqu'il [Ibrāhiym] se fut séparé d'eux et de ce qu'ils adoraient en dehors d'Allah, Nous lui fîmes don d'Içhāq et de Yāhqoūwb ; et de chacun Nous fîmes un Nābi* » *(Coran, 19-49)*

« Et Nous lui donnâmes Içhāq et, de surcroît Yāhqoūwb, et Nous en fîmes des gens de bien » (Coran, 21-72)

Dans leur *expérience religieuse*, les enfants d'Ibrāhiym [*Ismāhiyl, Içhāq* et *Yāhqoūwb*], en tant que *Moūçlīmoūwn* [*Musulmans*] et en tant que *Anbīyā* [ou *Nbīyā - Prophètes*], sans comparaison avec aucune autre sorte de croyants, s'animent de la foi en Allah, l'Unique, sans admettre aucune faille dans le *Tāwhid* [Unicité divine]. Et ces manières spécifiquement musulmanes se retrouvent en tout domaine de l'expérience religieuse, des développements de la pensée et de l'organisation socioculturelle.

La croyance d'Ismāhiyl, Içhāq[31] et Yāhqoūwb sans discontinuité avec celle de leur père faite d'obéissances à Allah et à sa Loi révélée. L'expression de la foi sous la forme d'*Ā-chāhādā* [*attestation en la foi en Allah*] implique cependant la certitude.

« Nous en fîmes des dirigeants qui guidaient par Notre ordre. Et Nous leur révélâmes de faire le bien, d'accomplir la Çalāt [« Prière »] et d'acquitter la Zakāt [« taxe purificatrice légale »]. Et ils étaient Nos adorateurs » (Coran, 21-73)

La descendance ibrāhiymienne [*Ismāhiyl, Içhāq* et *Yāhqoūwb*] proférant l'accomplissement de la *Çalāt*

---

[31] *« Nous lui fîmes la bonne annonce d'Içhāq comme Nābi d'entre les gens vertueux » (Coran, 37-112)*
« Et Nous le bénîmes ainsi que Içhāq. Parmi leurs descendances il y a [l'homme] de bien et celui qui est manifestement injuste envers lui-même » (Coran, 37-113)

[« *Prière* »], l'acquittement de la *Zakāt* [« *taxe purificatrice légale* »], directives immuables reçues d'Allah comme l'ont obtenues leur père et son aïeul [*Noūh*].

Comme dans la grande expérience religieuse de leur père Ibrāhiym, sa descendance a sa source, c'est à dire d'origine et aussi d'inspiration divine permanente.

Pareillement à tout Nābi, chacun des enfants d'Ibrāhiym vit sa conviction, à la fois, inséparablement spirituelle et temporelle, foi et organisation sociale.

« Et rappelle-toi Ibrāhiym, Içhāq et Yāhqoūwb ? Nos serviteurs puissants [dans l'adoration] et clairvoyants [dans les affaires religieuses] » (Coran, 38-45)

« Nous avons fait d'eux l'objet d'une distinction particulière : le rappel de l'au-delà » (Coran, 38-46)

« Ils sont auprès de Nous, certes, parmi les meilleurs élus » (Coran, 38-47)

Allah fit des enfants d'Ibrāhiym [*Ismāhiyl, Içhāq* et *Yāhqoūwb*] des *Moūçlimoūwn* [*Musulmans*] structurés par l'esprit de l'*Islam* [*Dīne Allah*], guidés par la volonté divine. Ils sont à la fois miséricordieux ou intraitables et infiniment nuancés, équilibrés et sages.

Enfin, la descendance ibrāhiymienne fait l'objet d'une distinction particulière de la part d'Allah. Elle remet en mémoire le souvenir eschatologique [«… *le rappel de l'au-*

delà »] renforçant ainsi l'accomplissement des obligations personnelles en matière religieuse.

Il s'ensuit que les enfants d'Ibrāhiym sont des êtres élevés en distinction par Allah d'après Son choix qui s'est porté sur eux.

IX - Le sacrifice d'Ismāhiyl

« Seigneur, fais-moi don d'une [progéniture] d'entre les vertueux » » (Coran, 37-100)

« Nous lui fîmes donc la bonne annonce d'un garçon longanime [Ismāhiyl] » (Coran, 37-101)

Une progéniture qui contribue à honorer sa mémoire par son exceptionnelle valeur, à la fois spirituelle et temporelle, à exalter Allah et à renforcer sa foi en Lui, voilà ce qu'espère Ibrāhiym lorsqu'il sollicite Allah de lui accorder une progéniture.

Allah exauce le souhait d'Ibrāhiym et lui annonce la venue au monde d'un enfant d'entre les *Çābīrīyn* [*patients, endurants*], qui manifeste de la vertu et qui a une disposition qui porte vers la bonté. Cet enfant est *Ismāhiyl* dont Allah lui a conféré une stature renommée évocatrice d'un fort tempérament et d'une longanimité puissante.

« Puis quand celui-ci [Ismāhiyl] fut en âge de l'accompagner, [Ibrāhiym] dit : « Ô mon fils, je me vois en songe en train de t'immoler. Vois donc ce que tu en penses ». [Ismāhiyl] dit : « Ô mon cher père, fais ce qui t'es commandé : tu me trouveras, Inchā-Allah [s'il plaît à Allah], du nombre des Çābīrīyn [patients, endurants] » » (Coran, 37-102)

Un travail intense de communication façonne les attitudes fondamentales de la sociabilité et suscite en Ismāhiyl la recherche du dépassement de soi, motivation essentielle à la socialisation de ses conduites.

De 9 à 11 ans, c'est la période de l'enfance [« ...« *Puis quand celui-ci* [*Ismāhiyl*] *fut en âge de l'accompagner,...* »] où l'autonomie, l'adresse, l'initiative sont davantage appréciées, ainsi que la loyauté et la serviabilité [obéissance]. Bien que les jugements de valeur d'Ismāhiyl soient proches de ceux de ses parents, celui-ci prend en compte les expériences qu'il a du monde qui l'entoure. Ainsi en vient-il à percevoir les inquiétudes et les problèmes qui tracassent son père.

La socialisation d'Ismāhiyl est une activité qui est sous la férule d'Ibrāhiym. Celui-ci l'inculque par un enseignement de plus en plus diversifié, par la recherche de significations. Dans la famille d'Ibrāhiym, la communication révèle à Ismāhiyl le monde et les problèmes de société qui le cernent.

Ces derniers imprégnés de jugements de valeur et de questions qui viennent d'individus chers à ses yeux. Ces interrogations sont pour lui l'occasion de constituer un système de valeurs bien clarifié par son père et bien assimilé par un enfant doué d'une grande perspicacité.

Le champ de la communication qu'a Ibrāhiym avec son fils Ismāhiyl est centré sur le songe qu'il a eu et l'oriente selon la perception que l'enfant a de ce dernier. Ismāhiyl accorde beaucoup d'importance aux paroles et aux soucis de son père. La conversation préoccupante d'Ibrāhiym avec Ismāhiyl est emprunte d'une émotion d'une incroyable intensité. Quoi qu'il en soit, Ibrāhiym concerte son fils sur l'ensemble des idées perçues dans le songe, position sur laquelle il reste ouvert et compte bien entendre son fils à ce propos [« … *Vois donc ce que tu en penses…* »].

Le point de vue de l'enfant est sans ambigüité. Celui-ci se contente d'approuver l'intentionnalité [de l'acte] de son père [« …« *Ô mon fils, je me vois en songe en train de t'immoler…* »]. La volonté, si extraordinaire, pour un enfant de cet âge d'apprendre qu'il a un rôle à jouer dans le dessein d'Allah souligne l'importance de ce songe en acquiescent librement à la décision divine.

Ismāhiyl sait écouter la voix de la raison lorsque celle-ci découle de la manifestation divine à travers un songe et qui s'articule autour du sacrifice [« ….« *Ô mon cher père, fais ce qui t'es commandé : tu me trouveras, Inchā-Allah* [*s'il plaît à Allah*]*, du nombre des Çābīrīyn* [*patients, endurants*] »].

Grâce à la conquête d'une foi concrète promulguée par un professeur tel qu'Ibrāhiym, sa conviction religieuse bien définie obéit à des règles qui éclairent la nature de sa conviction en Allah. Une part importante de ce savoir va vers la prise en compte [la compréhension] du devoir de son père envers Allah de l'immoler. Les rapports père-fils régulés par la conscience d'une épreuve basée sur la patience et l'endurance [« … *tu me trouveras, Inchā-Allah [s'il plaît à Allah], du nombre des Çābīrīyn [patients, endurants*] »] régit l'amour divin.

L'octroi ô combien difficile à ce moment de la liberté d'obéissance qu'incarne l'acte réfléchie du sacrifice [foi en Allah], du sacrifié [Ismāhiyl] et du sacrificateur [Ibrāhiym] dénote une épreuve indéfinissable.

Par sa foi en Allah, Ismāhiyl est armé des instruments qui lui permettent de se situer dans la ligné des Nābi. Cette foi s'est organisée dans les programmes ibrāhiymiens mais aussi dans les méthodes personnelles, un *don divin*, selon un système de valeurs si vaste qu'il n'est jamais appréhendé qu'avec l'aide d'Allah. Ce système porte aussi bien sur l'organisation émotionnelle que sur la confiance en Allah. C'est en cela que les qualités d'Ismāhiyl demeurent à jamais si admirables.

Ismāhiyl donne, par son attitude résignée à Allah, une signification des plus étonnantes aux apprentissages du *Dīne Allah*. A l'image du père, il est essentiel de faire partie des *Moūçlīmoūwn* [*Musulmans*] et c'est ce qu'Ismāhiyl perçoit de cette signification.

Il est nécessaire de rappeler qu'Ismāhiyl n'est qu'un garçon qui est dans la période de l'enfance !

« *Puis quand tous deux [Ibrāhiym et Ismāhiyl] se furent Âçlāmā [soumis] [à l'ordre d'Allah] et qu'il [Ibrāhiym] l'eut [Ismāhiyl] jeté sur le front,* » *(Coran, 37-103)*

Ainsi se fait jour la soumission à Allah, le sentiment qu'ont Ibrāhiym et Ismāhiyl d'être à la hauteur de leur titre honorifique [« …« *Puis quand tous deux [Ibrāhiym et Ismāhiyl] se furent Āçlāmā [soumis] [à l'ordre d'Allah]…* »] de *Moūçlīmoūwn* [*Musulmans*] et de corriger les défauts de la vie[32].

Celle-ci n'est appréhendée que de façon parcellaire, au travers de représentations qui obéissent autant aux pulsions émotionnelles de l'existence qu'aux modèles présentés par la culture de la société et de la nation.

C'est ce moment de rupture avec les *socialités*[33] à fondement affectif [dans la vie familiale, avec la société, etc.] qu'Ibrāhiym se conforme à la volonté divine d'offrir Ismāhiyl qui lui est si cher comme victime sacrificielle [« … *qu'il [Ibrāhiym] l'eut [Ismāhiyl] jeté sur le front [afin de l'égorger pour l'immoler]*, »].

« *voilà que Nous l'appelâmes :* « *Ibrāhiym !* » *(Coran, 37-104)*

---

[32] Jadis, le terme *Moūçlīm* [*Musulman*] était un titre honorifique qui était chargé de hautes significations comme *l'abnégation, la connaissance, le progrès, l'altruisme, la sociabilisation, la Civilisation,* etc. Ces valeurs éminentes intellectuelles, morales et spirituelles ont quasiment disparu. Cette expression de « *Moūçlīm* » est devenue extrêmement disqualifiante et renvoie à des notions comme *décadence, dégénérescence, paresse, abrutissement, hostilité, hors-la-loi, terroriste, frustration, inutilité, anti-civilisationnel, calamité sociale, fléau de l'humanité,* etc.

[33] *Socialité.* Instinct qui fait vivre l'homme en compagnie de ses semblables.

« *Tu as confirmé la vision* ». *C'est ainsi que Nous récompensons les Moūhçinīyn* » *(Coran, 37-105)*

Au moment où Ibrāhiym plaça la lame du couteau sous la gorge d'Ismāhiyl afin de l'immoler, Allah intervient en l'appelant, l'empêchant ainsi d'aller plus loin dans son geste. Allah lui annonçant qu'il a bien compris le message qu'Il lui a délivré et qu'il était à la hauteur de l'épreuve qui Lui a été prescrite [« *Tu as confirmé la vision* [*celle d'immoler Ismāhiyl*]»…»] et que la souffrance éprouvée lors de cet événement ô combien pénible doit être récompensé [«….*C'est ainsi que Nous récompensons les Moūhçinīyn* »].

« *C'était là certes, l'épreuve manifeste* » *(Coran, 37-106)*

Ibrāhiym a fait confiance à son songe où il se voyait présenter son fils cher à ses yeux en offrande à Allah. Plus surprenant encore, est le fait qu'un enfant approuve la décision de son père en acquiesçant avec abnégation !

Cette obéissance singulière d'Ibrāhiym et d'Ismāhiyl est considérée par Allah comme une attitude d'esprit qui ne laisse aucun doute à la foi. Allah n'éprouve pas n'importe qui avec une expérience d'une telle intensité car cette certitude [obéissance totale] n'est pas une évidence pour le commun des mortels.

« *Et Nous le* [*Ismāhiyl*] *rachetâmes par une offrande magnifique* » *(Coran, 37-107)*

Allah gratifie les *Moūhçinīyn*. Et c'est ainsi, qu'Il échange le sacrifice d'Ismāhiyl par un présent, un don remarquable[34]. Cette contrepartie s'inscrit dans l'ordre divin des choses en signe d'obéissance absolue aux directives d'Allah pour Ses serviteurs dévoués Ibrāhiym et Ismāhiyl.

« Et Nous perpétuâmes son renom dans la postérité : » (Coran, 37-108)

« « Paix sur Ibrāhiym » » (Coran, 37-109)

« Ainsi récompensons-Nous les Moūhçinīyn ; » (Coran, 37-110)

« car il était de Nos serviteurs croyants » (Coran, 37-111)

Dans la mesure où Ibrāhiym a fait preuve d'une soumission remarquable à la Loi d'Allah. Il a été intransigeant sur le dogme de sa croyance qu'est le *Tāwhid* [Unicité d'Allah], qu'il n'a fait aucune concession sur le plan religieux [monothéisme], qu'il a été longanime et généreux envers son prochain.

Ibrāhiym est le digne successeur de la lignée des Roūçoūl [Noūh, par exemple] et même plus par la valeur qu'il attache à ses engagements envers Allah dans un projet de transformation de son mode d'existence axé sur la dévotion envers l'*Être Suprême*.

---

[34] Selon le Raçoūl Moūhammad, il s'agirait d'un magnifique bélier.

Ibrāhiym s'inscrit dans la rupture avec son époque et il est valorisé par Allah [« Et Nous perpétuâmes son renom dans la postérité »] qui le présente comme un exemple parfait du monothéiste intelligent, rationnel, pragmatique !

Ibrāhiym le monothéiste est ouvert à tout dialogue dans la mesure où il guide par son comportement exemplaire vers la connaissance du Dīne, prémices à l'adoration d'Allah [« *Ainsi récompensons-Nous les Moūhçinīyn ;* »].

« *Nous lui fîmes la bonne annonce d'Içhāq comme prophète d'entre les gens vertueux* » *(Coran, 37-112)*

La réussite d'Ibrāhiym [*épreuve du songe*] parce qu'il a affirmé sa dévotion jusqu'à la démesure avec la complicité de son fils Ismāhiyl, Allah lui annonce un second fils Içhāq. A l'instar de son frère Ismāhiyl, il sera un Nābi dont le tempérament sera porté vers la vertu.

X - Ceux qui se soumettent à Allah comme Ibrāhiym

« *Qui est meilleur en religion que celui qui soumet à Allah son être [suit Dīne Allah] tout en étant Moūhçīn [se conformant à la Loi d'Allah] et suivant Dīne d'Ibrāhiym le Hānīf [pur monothéiste islamique], homme de droiture ? Et Allah avait pris Ibrāhiym pour Khālīl [ami privilégié]* » *(Coran, 4-125)*

Dans ce verset, par une formule interro-affirmative, Allah définit la notion de soumission à Son Dīne.

Le *Moūçlīm* [*Musulman*] superpose à sa pratique du Dīne Allah un système syncrétique de valeurs [« ... *tout en étant Moūhçīn* [*se conformant à la Loi d'Allah*]... »] une remise en forme de l'expérience ibrāhiymienne relative à la foi.

Enfin, la recherche d'une cohérence de son comportement personnel avec tous ces éléments. Ceux-ci procurent l'avantage de lui indiquer un *idéal ibrāhiymien qui n'est autre qu'un idéal de soi*.

Même s'il est difficile de l'acquérir, même s'il n'inspire pas vraiment tous les actes aussi minimes de l'existence, cet idéal garantit à celui qui craint Allah, qui se soumet à Lui [*Moūçlīm*], qu'il va pouvoir parvenir, et pourquoi pas comme Ibrāhiym, au titre honorifique de *Khālīl* [*ami privilégié*].

Il est la condition de l'aspiration au dépassement de soi vers un absolu divin !

XI - Feuillets d'Ibrāhiym

« *et celles* [*Soūhoūfi – feuilles -*] *d'Ibrāhiym qui a tenu parfaitement* [*sa promesse de transmettre*] » *(Coran, 53-37)*

« *Nous avons effectivement envoyé Noūh et Ibrāhiym et accordé à leur descendance la prophétie et le Livre. Certains d'entre eux furent bien-guidés, tandis que beaucoup d'entre eux furent pervers* » *(Coran, 57-26)*

« *Soūhoūfi* [*les Feuilles*] *d'Ibrāhiym et de Moūwça* » *(Coran, 87-19)*

Ces versets mettent l'accent sur les textes révélés à Ibrāhiym. Les mots *Kitāb* [Livre], *Soūhoūfi* [feuilles] sont consignés dans le Coran.

Toutefois, pour l'expression *Kitāb*, il ne désigne pas *un ouvrage, c'est à dire un volume reliant des feuilles comportant des signes graphiques* [*écriture*], ni un registre sur lequel Ibrāhiym a écrit.

Quant au terme *Soūhoūfi* [*feuilles*], il ne s'agit pas d'un *morceau de papier rectangulaire* [*ou autre*] *susceptible d'être imprimé ou de recevoir un texte écrit*, comme il en existe actuellement. Ainsi, ces mots caractérisent le contenu du *Message divin*, c'est à dire un ensemble d'informations révélées à un Raçoūl ou à un Nābi afin qu'il les transmet oralement.

Ces révélations qui, par définition, sont des phénomènes surnaturels [divins] où sont transmis des vérités dissimulées ou oubliées ont une fonction de rappel à l'ordre divin !

Bien comprises [et c'est là le rôle des Envoyés divins] ils agissent sur l'activité cognitive et intellectuelle [à condition que l'auditeur y prête attention].

Normalement, ces révélations ne manquent pas de transformer un individu *animalisé* par son environnement [*athéisme, idolâtrie, polythéisme, totémisme, chamanisme, animisme*, etc.], de lui redonner une nouvelle naissance dans un système de valeurs prônées par *Dīne Allah*.

Voilà le but ultime du *Kitāb* et du *Soūhoūfi* que relatent le Coran. Malheureusement, rares sont les humains qui ont la carrure de Noūh, d'Ibrāhiym, d'Ismāhiyl, d'Içhāq ou de Yāhqoūwb :

« ... *Certains d'entre eux furent bien-guidés, tandis que beaucoup d'entre eux furent pervers* » *(Coran, 57-26)*

Conclusion

La Révélation est une responsabilité bien trop grande, et nul Raçoūl ou Nābi ne saurait déroger aux difficultés qui l'attendent lors de sa mission.

Double signe d'une dynamique existentielle, honorer sa charge [la Mission confiée par Allah], celle de la délivrance du Message divin d'une part.

D'autre part, la manifestation de ce besoin d'exprimer sa dévotion, qui s'étend et se diversifie. Enfin, la nécessité d'appeler l'humanité au *Dīne Allah* [*Religion d'Allah*].

Voilà la raison d'être d'Ibrāhiym qui lui a valu son renom dans la tradition du *pur culte monothéiste* !

Il est un modèle de la conception du divin et de la pratique religieuse !

Index alphabétique

A

Acceptation, 96
Aléthique, 60
Allah est le sacré, 56
Allah l'Unique, 109
Anbīyā, 120
Ancêtres, 36
Animal parlant, 61
Animaliser, 140
Anti-divine, 31
Argumentation des idolâtres, 37
Assur, 25
Assyro-Babyloniens, 24
Āzār, 32

B

Babylone, 25
Bel, 25
Bûcher allumé, 62

C

Çābīrīyn, 125
Çalât, 89, 90, 95, 105, 120, 121
Çalāt, 89
Combustion, 63
Combustion froide, 65

Controversistes, 114
Créateur de l'Univers, 45
Créateur des hommes, 31
Critique Ibrāhiymienne, 34
Croyance des anciens, 38
Cube, 88
Culte des idoles, 34

D

Déiste, 27
Démence, 45
Descendance ibrāhiymienne, 121
Déterminisme absolu d'Allah, 81
Dialogue par l'absurde, 59
Dieux assyro-babyloniens, 25
Dīne, 108
Dīne Allah, 36, 40, 42, 60, 95
Dīne d'Hādām, 88
Dīne d'Ibrāhiym, 39, 99, 103
Dīne hādāmique, 89
Dīne originel, 89

Discours pragmatique, 69
Doūhā [invocation] d'Ibrāhiym, 48

E

Enfanter, 79
Enfants d'Ibrāhiym, 121
Entités intelligentes, 82
Entités noūriques, 77
Erreur, 31
Être Absolu, 26, 41
Existence des statues, 53

F

Femme d'Ibrāhiym, 79, 80
Feu, 63
Foi d'Ismāhiyl, 120
Foi en Allah, 108
Fraîcheur du feu, 64

G

Ghaīyb [Invisible], 73

H

Hā'doūw, 102, 113
Hādām, 88, 107
Hānīf, 114
Houkmā, 49
Humour d'Ibrāhiym, 36

I

Ibn-Khaldun [historien\, 1332-1406], 17
Ibrāhiym à la quête de Dieu, 24
Ibrāhiym brise les idoles, 50
Ibrāhiym combat l'idolâtrie, 27
Ibrāhiym désavoue idolâtres, 65
Ibrāhiym est indigné, 61
Ibrāhiym est jeté dans le feu, 60
Ibrāhiym et de sa science, 37
Ibrāhiym fustige idolâtres, 33
Ibrāhiym le monothéiste, 132
Ibrāhiym musulman exemplaire, 100
Ibrāhiym raisonne son père, 29
Ibrāhiym révèle Allah, 41
Ibrāhiym s'insurge, 57
Içhāq, 119
Idéal ibrāhiymien, 135
Idée de Dieu, 26
Idolâtres, 60
Idolâtrie, 28, 40, 47
Idoles, 30
Ignorance, 55

Ignorance à l'idolâtrie, 35
Illogisme, 30
Illusion, 31
Immanence, 56
Immoler Ismāhiyl, 130
Interrogation d'Ibrāhiym, 78
Inutilité de la statuaire, 38
Irrationnel, 30
Islam, 86, 104
Ismāhiyl, 90, 119, 128
Ismāhiyl afin de l'immoler, 130

K

Kaba à Bākkāh, 87
Kaba à Mākkāh, 89
Kītāb [Livre], 139

L

La Mecque, 86
Livres, 114
Logique, 34
Loūwt, 81

M

Magie, 35
Mākkāh [La Mecque], 85
Malāyka, 73
Malāyka entrent chez Ibrāhiym, 73
Malāyka envoyés par Allah, 74
Malāyka informent Ibrāhiym, 78
Marduk, 25
Mécaniste, 41
Mission d'Ibrāhiym, 109
Mission des Malāyka, 80
Monde des Malāyka, 74
Monothéisme, 23, 27
Moūchrikīynisme, 110
Moūçlīm, 118, 135
Moūçlīmoūwn, 104, 105
Moūhçīn, 135
Moūhçinīyn, 131

N

Nāçāra, 102, 113
Nāfs, 32, 41, 56
Naissance d'un enfant, 77
Nbīyā, 23, 103
Noūr, 77

O

Objectivistes, 60
Omnipotence, 43
Omniscience, 56

P

Panthéon, 25
Paresse des Ancêtres, 47
Passion d'Ibrāhiym, 50

Père d'Ibrāhiym, 37
Phénomène surnaturel, 70
Polythéisme, 27
Pragmatique ibrāhiymienne, 44
Pragmatisme ibrāhiymien, 70
Pratiques divinatoires, 35
Programme des Malāyka, 82

Q

Qour'ān, 106
Qualités d'Ismāhiyl, 128

R

Raçoūl Ibrāhiym, 102
Rationnels, 59
Religion cyclique, 24
Rencontre Ultime avec Allah, 104
Requête d'Ibrāhiym, 92
Ressuscitation morts, 70
Réussite d'Ibrāhiym, 132
Révélation divine, 23
Roūçoūl, 23, 103

S

Sacralité, 100
Sagesse d'Ibrāhiym, 31
Sanctuaire, 52
Science universelle, 59
Scientifiser, 62
Seigneur d'Ibrāhiym, 43
Shaytān, 30, 32, 35
Soūhoūfi [feuilles], 139
Soumission à Allah, 129
Statues, 53

T

Tawhid, 39, 56, 120
Tradition, 55
Tradition des ancêtres, 55, 66, 67, 97
Tradition des Ancêtres idolâtres, 44
Traditionnelle, 59
Transcendance, 43

U

Us et coutumes, 97

Y

Yāhqoūwb, 102, 119
Yāwm al-Dīynī, 50
Yāwm al-Qiyāma, 29, 92

Z

Zakat, 105, 120, 121
Zhālimīyn, 52, 66

Table des matières

Avant-propos

Introduction

I - Ibrāhiym un Raçoūl parmi d'autres
   1 - Ibrāhiym à la quête de Dieu 24
   2 - Ibrāhiym combat l'idolâtrie 27
      A - Les idoles, un égarement 27
      B - Ibrāhiym raisonne son père 29
      C - Ibrāhiym fustige les idolâtres 33
      D - Ibrāhiym révèle Allah 41
      E - Doūhā [invocation] d'Ibrāhiym 48
      F - Ibrāhiym brise les idoles 50
      G - Ibrāhiym est entendu par les idolâtres 52
      H - Ibrāhiym spécule par l'absurde 57
      I - Ibrāhiym est jeté dans le feu 60
      J - Ibrāhiym désavoue les idolâtres 65

II - Prodiges d'Allah 69

III - Malāyka arrivent chez Ibrāhiym
   1 - Malāyka entrent chez Ibrāhiym 73
   2 - Malāyka refusent de manger 74
   3 - Malāyka annoncent une bonne nouvelle à Ibrāhiym 77
   4 - La mission des Malāyka 80

IV - Ibrāhiym s'installe à Mākkāh [La Mecque] 85
   1 - Ibrāhiym reconstruit la Kaba 85

V - Ibrāhiym Imam à suivre 95

VI - Dīne Ibrāhiym 99
   1 - Ibrāhiym musulman exemplaire 100
   2 - Dīne d'Ibrāhiym réservoir spirituel des Roūçoūl 103

3 - Digne de se réclamer d'Ibrāhiym 105

VII - Ibrāhiym n'est ni Hādoūw ni Nāçāra............................ 113

VIII - Descendance d'Ibrāhiym musulmane........................ 117

IX - Le sacrifice d'Ismāhiyl.. 125

X - Ceux qui se soumettent à Allah comme Ibrāhiym............ 135

XI - Feuillets d'Ibrāhiym 139

Conclusion

Index alphabétique

Table des matières

© 2015, Boutammina, Nas E.
Edition : Books on Demand, 12-14 rond-point des Champs Elysées, 75008 Paris
Impression : Books on Demand GmbH, Allemagne
ISBN : 9782322019106
Dépôt légal : juin 2015